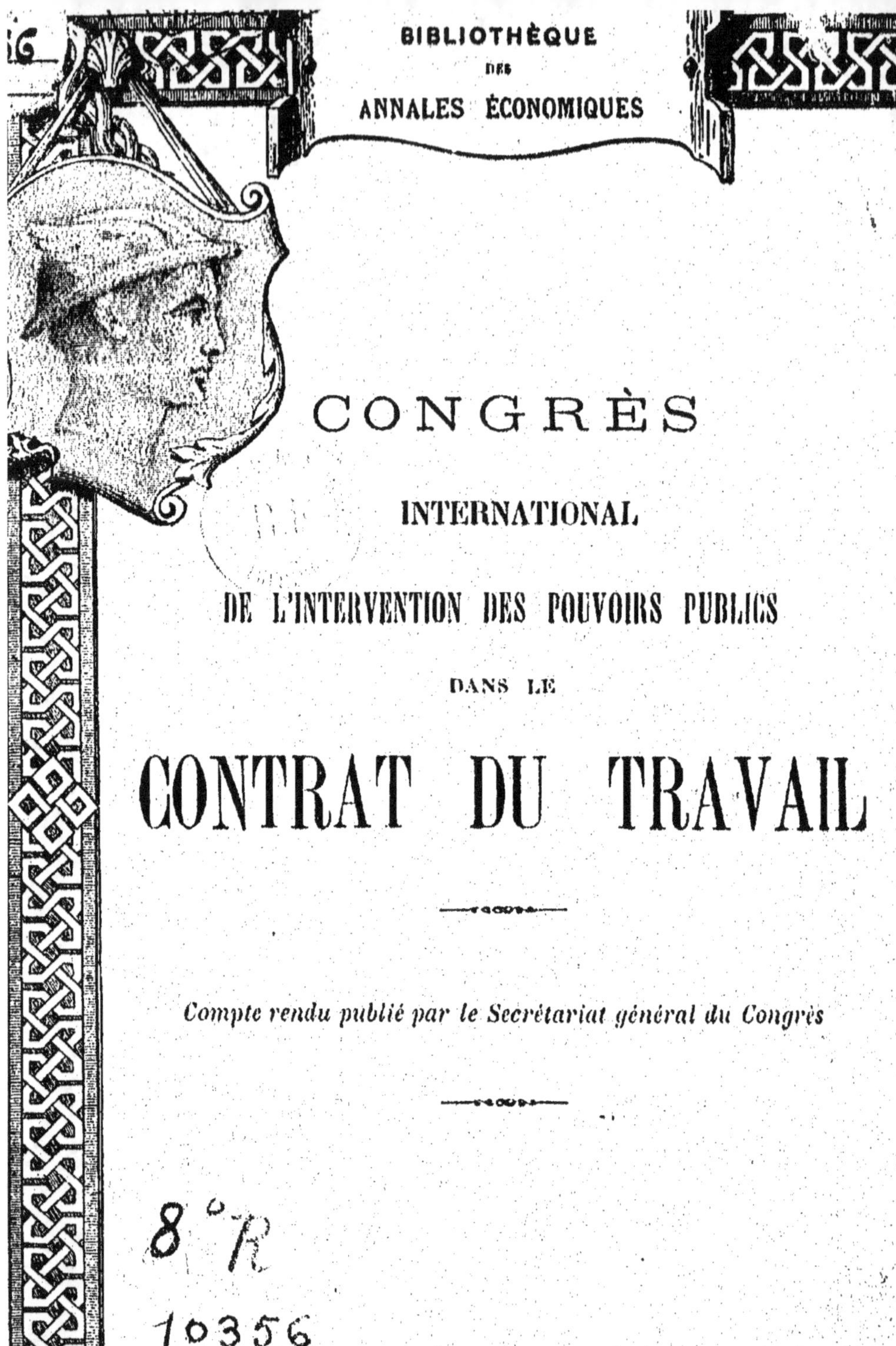

CONGRÈS

INTERNATIONAL

DE L'INTERVENTION DES POUVOIRS PUBLICS

DANS LE

CONTRAT DU TRAVAIL

Compte rendu publié par le Secrétariat général du Congrès

PARIS
Société d'Éditions Scientifiques
4, rue Antoine-Dubois

CONGRÈS

DE L'INTERVENTION DES POUVOIRS PUBLICS

DANS LES CONDITIONS DU TRAVAIL

EXPOSITION UNIVERSELLE DE 1889

CONGRÈS

DE

L'INTERVENTION DES POUVOIRS PUBLICS

DANS LE CONTRAT DU TRAVAIL

Compte rendu publié par le Secrétariat général du Congrès

PARIS

BIBLIOTHÈQUE DES *ANNALES ÉCONOMIQUES*

SOCIÉTÉ D'ÉDITIONS SCIENTIFIQUES

4, RUE ANTOINE-DUBOIS, 4

Place de l'École-de-Médecine

1891

CONGRÈS

DE L'INTERVENTION DES POUVOIRS PUBLICS

DANS LE CONTRAT DU TRAVAIL

COMITÉ D'ORGANISATION [1]

PRÉSIDENT

M. Donnat (Léon), membre du Conseil municipal de Paris et du
Conseil général de la Seine..

VICE-PRÉSIDENTS

MM. Bertrand, président du syndicat des entrepreneurs du bâtiment.
Bourgeois (Léon), député, ancien sous-secrétaire d'État.

SECRÉTAIRES

MM. Massip, directeur des *Annales économiques*.
Villain (Georges), rédacteur au journal *le Temps*.

TRÉSORIER

M. Marmottan (le docteur), ancien député, président du Conseil
d'administration des mines de Bruay (Pas-de-Calais).

MEMBRES DU COMITÉ

MM.

Aigoin (Georges), ancien receveur des finances, président de la
Compagnie des tramways sud.

[1] Le Comité d'organisation a été constitué par arrêtés ministériels en date
des 27 mars et 1er juin 1889. Il a nommé son bureau dans la séance du
8 avril 1889.

BRELAY (Ernest), membre de la Société d'économie politique.

BOMPARD, docteur en droit, conseiller municipal.

BUNEL, coupeur de chemises, vice-président de la Société d'économie
populaire.

CHÉPIÉ, député, ancien président du Conseil des prud'hommes de
Lyon.

FAURE (Fernand), député, professeur . la Faculté de droit de Bordeaux.

FOURCADE, secrétaire de la Société d'économie politique de Bordeaux.

GIGNOU, président du syndicat des entrepreneurs de serrurerie.

GRUHIER, ouvrier pelletier, membre de la Société centrale du travail
professionnel et de la Société d'économie populaire.

LOUVOT, industriel, membre de la Ligue des consommateurs et des
contribuables.

LYONNAIS, député.

MICHEL (Georges), rédacteur au *Journal des Débats*.

MOLINARI (G. DE), correspondant de l'Institut.

OUDINET, chef d'atelier à l'école Diderot.

PAYELLE, chef de bureau des syndicats professionnels au Ministère du
commerce, de l'industrie et des colonies.

PERMEZEL, président de la Chambre syndicale des tissus de Lyon.

SAINT-MARTIN, conseiller municipal.

TOLAIN, sénateur.

VANNACQUE, chef de la division de la comptabilité et de la statistique
au Ministère du commerce, de l'industrie et des colonies.

WADDINGTON (Richard), député.

PREMIÈRE SÉANCE

M. Léon Donnat, président du comité d'organisation du Congrès, ouvre la séance et prononce les paroles suivantes :

« Messieurs,

« Ce Congrès dont nous ouvrons les séances porte pour titre : Intervention des pouvoirs publics dans le contrat de travail. Permettez-moi, au nom de la commission d'organisation, de vous en expliquer l'origine et le but.

L'administration de l'Exposition a pensé qu'il était utile de joindre à l'Exposition des produits de l'agriculture et de l'industrie une exposition d'économie sociale. Au mois d'octobre 1887, elle a constitué un groupe spécial dans lequel sont exposés divers objets, diverses institutions, créées, soit par les patrons, soit par les ouvriers, dans le but d'améliorer la condition matérielle, intellectuelle et morale du plus grand nombre. Ces institutions sont groupées sous quinze sections ayant pour titre : Participation aux bénéfices, associations coopératives de production, syndicats professionnels, sociétés de secours mutuels, caisses de retraites, associations coopératives de consommation et de crédit, habitations ouvrières, etc.

« Cette liste paraissait bien complète ; nous avons pensé toutefois qu'il restait une lacune à combler. Il n'y a pas seulement, en effet, que les patrons et les ouvriers qui s'occupent de fonder les institutions dont il s'agit. Les pouvoirs publics y ont pris de tout temps et partout une certaine part, en se donnant la tâche glorieuse d'élever le niveau intellectuel et d'améliorer la situation matérielle des citoyens. C'est ainsi qu'ils interviennent par l'instruction publique, par l'assistance, dans les limites déterminées par leur rôle et fixées généralement par la coutume.

« Ce rôle doit-il changer ? Des conceptions différentes peuvent faire varier à cet égard, les traditions reçues. Aujourd'hui un grand débat existe, non seulement en France, non seulement en Europe, mais dans le monde entier pour décider ce que les pouvoirs publics peuvent entreprendre et ce qu'il leur est défendu d'oser.

« De là deux écoles bien distinctes avec des nuances multiples, mais qui se caractérisent par deux doctrines complètement différentes. Dans la première école nous trouvons les socialistes révolutionnaires et les socialistes de l'église. Les uns et les autres voudraient reconstituer par la loi en faveur des humbles certaines institutions créées par les mœurs dans le passé.

Ils font observer que ces institutions ont été tutélaires, préservant les ouvriers de grandes chutes, leur assurant souvent un minimum d'existence et les empêchant de connaître ces sombres misères dont la civilisation actuelle, malgré ses splendeurs, ne parvient pas à dissimuler l'existence.

Les partisans, les membres de ces écoles disent : « Tous les hommes ne sont pas armés également et suffisamment dans la lutte pour la vie; il en est même pour lesquels la concurrence est désastreuse. Sans doute il est beau de parler de liberté, mais cette liberté n'est souvent qu'une illusion ; elle n'est que le droit laissé au plus fort d'opprimer le plus faible.

« Ils vont plus loin, ils disent encore : ces libertés que l'on regarde comme un héritage de nos pères, dont nous devons être fiers, ne sont que des libertés bourgeoises, proclamées par la bourgeoisie pour lui assurer l'empire à la place des anciennes classes privilégiées.

« L'État possède sans doute aujourd'hui un rôle bien tracé, mais ce rôle n'est pas suffisant. Il n'a pas seulement à faire respecter les frontières, à entretenir les relations diplomatiques, à faire régner la paix à l'intérieur, à trancher les différends, à punir les délits et les crimes, à maintenir une armée, une marine, une justice, une police. Sa mission est, en réalité, plus étendue.

« Il doit prêter aide et secours aux humbles et aux deshérités de la fortune, et, comme ici il ne s'agit pas de lutte à main armée, cette aide doit être une aide économique; ce secours doit consister en un ensemble d'institutions à créer en faveur des ouvriers sur le fonds de l'épargne commune.

« L'État doit intervenir afin d'atténuer par des lois, des règlements, et au moyen des ressources fiscales, les inégalités naturelles; il doit, par des arrangements d'autorité, transformer les conditions sociales.

« C'est ainsi qu'il lui appartient d'intervenir dans le contrat de travail et dans le contrat d'échange, de régler la durée de la journée et le mode de travail de l'ouvrier, de fixer un minimum de salaire, de tarifer les marchandises de première nécessité, d'organiser des travaux publics comme une annexe de l'assistance publique, de prendre en mains certains services tels que le transport en commun des voyageurs et l'éclairage de cités, de faire des avances ou d'accorder des subventions aux sociétés corporatives ou coopératives de production. (*Vifs applaudissements.*)

Pour tout dire, en un mot, il doit supprimer la concurrence, égaliser les chances de combat pour chaque citoyen, quelles que soient ses aptitudes, s'ériger en une providence laïque chargée de fournir le pain quotidien, et d'assurer le bonheur à chaque individu. (*Nouveaux applaudissements.*)

Ces prétentions ne sont pas laissées sans réponse. Pour la seconde école, qui comprend les économistes, elle ne sont pas nouvelles. Ceux-ci sont loin de nier la protection que la loi et les coutumes du moyen âge accordaient aux travailleurs, mais ils constatent que ces lois et ces coutumes ont disparu ; les faire revivre, ce serait remonter l'échelle des temps. Elles reposaient sur des traditions, sur des mœurs, sur des croyances qu'on ne saurait reconstituer par des artifices législatifs.

« Ceux qui nous offrent en perspective une Salente nouvelle, ceux qui prétendent nous ouvrir les portes de la Cité du Soleil, n'ignorent pas ou ne devraient pas ignorer que tous ces rêves ont eu leur jour de triomphe. Partout, en France peut-être plus qu'ailleurs, florissaient des communautés agricoles dans lesquelles chaque chose était à sa place, où le travail était réglé comme les besoins et les désirs. Mais l'édifice reposait sur la foi religieuse, sur le respect incontesté du père de famille et du maître. Tout cela s'est effondré non pas en un jour, mais par l'effort continu des siècles. La grande voix de Turgot a sonné l'hallali de ces institutions surannées, et quand l'Assemblée constituante proclama la liberté du travail, il paraît que ce fut une joie immense ; on dansa sur la place de la Bastille ; on illumina les faubourgs. Les économistes s'en souviennent et ils disent : C'est nous qui célébrons le centenaire de 1789, en célébrant la liberté. (*Applaudissements.*)

« Nous ne voulons, ajoutent-ils, ni laisser passer ni laisser faire. Nous ne voulons pas laisser faire la fantaisie, nous ne voulons pas laisser passer l'erreur. Nous étudions la nature, nous nous soumettons à ses lois ; nous croyons qu'il n'est pas plus en notre pouvoir de changer les rapports économiques que de modifier le cours des astres. Ces institutions que l'on prétend faire revivre, elles sont mortes et bien mortes; elles ont toutes les qualités de la jument de Roland et rien de plus. Elles se sont effondrées dans l'allégresse; elles ne renaîtraient que dans le deuil.

« Est-ce à dire que nous méconnaissions les besoins toujours croissants de bien-être qui se manifestent de tous côtés? Nous les proclamons, au contraire ; mais nous constatons qu'ils reçoivent des satisfactions incessantes : les travailleurs ont de plus hauts salaires qu'autrefois, le coût de la vie a diminué pour eux, des institutions aussi variées que les besoins améliorent leur existence présente et protègent leur avenir. Et depuis quand se produisent ces bienfaits? Depuis qu'ont été brisées les entraves, depuis que les perspectives d'une sécurité stérile ont été sacrifiées aux luttes fécondes du progrès.

« Pour les économistes, le progrès social est inséparable du respect des lois de la psychologie. Ils ne nient pas les problèmes à résoudre, ils s'attachent au contraire, à leur solution ; mais ils la demandent à l'effort libre, individuel ou collectif, à l'effort qui met en jeu l'initiative, l'esprit de recherche et d'invention, la responsabilité personnelle, à l'effort qui réserve les gloires du triomphe après les hasards du combat. Ils considèrent que, pour être féconde, l'association n'a pas besoin d'être imposée ; que la solidarité la meilleure est la solidarité voulue.

« Tel est, Messieurs, le grand problème en face duquel on s'est trouvé, et que les deux écoles résolvent par deux procédés si différents. Nous avons pensé que des questions si importantes ne pouvaient pas demeurer étrangères au groupe de l'économie sociale, et nous avons eu l'idée de créer cette section XVI destinée à mettre en évidence les institutions, les actes législatifs et les règlements qui se rattachent à l'intervention économique des pouvoirs publics (1).

« J'ai demandé ces documents à diverses puissances étrangères qui se sont empressées de me les faire parvenir avec une bienveillance

(1) Le Comité d'admission de cette section XVI est ainsi composé :
MM. DONNAT (Léon), membre du conseil municipal de Paris, *président*.
    YVES GUYOT, député, *vice-président*.
    BURDEAU (A.), député, *membre*.
    FAURE (Fernand), député, *membre*.
    SAINT-MARTIN, membre du conseil municipal de Paris, *membre*.
    BEURDELEY (Paul), maire du VIIIe arrondissement de Paris, *membre*.
    DELONCLE (François), consul de France, *secrétaire*.

dont je les remercie. La collection est restreinte; elle n'en est pas moins précieuse.

« Mais ces documents ne peuvent être consultés par tout le monde ; ce sont, dans leur bibliothèque, des témoins muets auxquels il importe de donner la parole. C'est pourquoi la section XVI a organisé trois congrès pour mettre en lumière les résultats consignés dans notre collection : Congrès de l'intervention des pouvoirs publics dans le contrat de travail, dans le prix des denrées, dans l'émigration et l'immigration.

« C'est le premier de ces Congrès qui se réunit aujourd'hui. Nous nous proposons de rassembler les renseignements d'une enquête. J'ai exposé les deux systèmes en présence. Chacun de nous n'a pas à se cantonner dans une opinion toute faite et à chercher quand même à la faire prévaloir. Ce que nous nous proposons, c'est de réunir des faits précis, en laissant de côté les formules banales, les affirmations vagues, ces exposés de doctrines qui sont très intéressants, sans doute, qui donnent lieu à de beaux effets d'éloquence, mais qui ont le tort de ne pas convaincre ceux qui sont peu disposés à être convaincus.

« L'enquête est encore le meilleur moyen d'information, de recherche, de conviction, qui existe. Eh bien! ce sont les éléments d'une enquête que nous apportent ici les personnes qui font partie de ce Congrès. Nous les prions de nous exposer d'abord les résultats des expériences qu'elles connaissent ; ce ne sera qu'après seulement que nous songerons aux conclusions à en tirer.

« Vous avez lu le programme des différentes séances ; à ce propos je dois vous présenter une observation préliminaire. Les différents orateurs inscrits pour les questions à l'ordre du jour en feront l'exposé, dans le seul but de provoquer la discussion. Ils le feront d'ailleurs sous leur responsabilité personnelle, s'abstenant de conclure, afin de laisser dans les deux sens le champ libre aux opinions. Ces questions énumérées à l'ordre du jour, il faut bien que les membres de ce Congrès comprennent le point de vue auquel nous les considérons. Nous avons, par exemple, dans le programme : Limitation de la journée de travail pour les enfants et filles mineures, pour les hommes adultes, etc. Qu'est-ce que cela veut dire ?

« Si l'on envisageait le sujet au seul jour de la philanthropie, on s'écarterait du but que se propose ce Congrès. Il n'est personne ici qui ne désire que le travail soit réduit de plus en plus, que les salaires augmentent. Les partisans résolus de la liberté ne sont pas les derniers à éprouver ce sentiment. Ils veulent tous l'amélioration du sort matériel des travailleurs, mais la discussion doit porter sur le point de savoir si l'intervention des pouvoirs publics est nécessaire ou même utile. Ce Congrès se réunit pour examiner les faits sous ce jour particulier.

« Nous sommes d'accord sur le but à atteindre, mais nous pouvons être divisés sur les moyens à employer pour y parvenir.

« Le champ de ces débats est très vaste, aussi ne faut-il pas que la discussion s'égare.

« Cela dit, Messieurs, je vous souhaite à tous la bienvenue, au nom du Comité d'organisation, à vous tous, membres français et membres étrangers de ce Congrès. Différentes puissances ont bien voulu désigner plusieurs délégués pour les représenter : l'Espagne, l'Italie, le Danemark, le Brésil, le Chili, la République Argentine, le Salvador, la Belgique, la Roumanie.

« Les deux ministres français que peut intéresser ce Congrès ont accrédité pour les représenter : l'un, M. Nicolas, directeur du commerce intérieur; l'autre, M. Gay, conseiller d'État, directeur des chemins de fer.

« J'espère, Messieurs, qu'en égard à la compétence des personnes qui sont ici réunies, nos travaux ne seront dépourvus ni d'intérêt ni de portée. J'ose compter sur l'assiduité que vous mettrez à assister régulièrement à nos séances. » (*Applaudissements.*)

Le bureau du Congrès est ensuite constitué de la façon suivante :

Président

M. Léon DONNAT.

Vice-Présidents

MM. Léon BOURGEOIS.
BERTRAND.
MATAJA, professeur à l'Université de Vienne.
HELBRONNER, délégué du Canada.

Secrétaires

MM. Georges VILLAIN.
Armand MASSIP, directeur des *Annales économiques.*
Arthur RAFFALOVICH.

DEUXIÈME SÉANCE

Lundi 1er juillet 1889

La séance est ouverte à 2 heures 1/2, sous la présidence de M. Léon Donnat.

M. LE PRÉSIDENT — L'auteur de l'ouvrage « *La Question Sociale* », a bien voulu en déposer sur le bureau plusieurs exemplaires. Ils sont à votre disposition, messieurs.

La parole est à M. Neubourg, avocat à la Cour d'appel de Paris, sur la limitation de la journée de travail pour les enfants et filles mineures.

Messieurs,

Ce n'est pas, à proprement parler, un rapport que je vais avoir l'honneur de vous présenter : ainsi que vous l'a fait connaître ce matin notre président, M. Léon Donnat, le Congrès ne doit pas voter de résolutions.

Il est donc inutile de vous soumettre des conclusions précises, puisque vous ne pourriez vous prononcer ni pour leur adoption, ni pour leur rejet. Aussi me bornerai-je à vous exposer très succinctement quel est l'état actuel de la question au sujet de laquelle une discussion va s'engager, sans vous indiquer les solutions qu'elle comporte, sans même vous laisser entrevoir mon opinion personnelle. Je n'ai pas d'autre but que de faire naître des débats contradictoires que vos connaissances théoriques et pratiques, jointes à votre amour du bien social, ne laisseront pas que de rendre fort intéressants.

N'est-il pas étrange, Messieurs, de discuter encore, à notre époque, si les pouvoirs publics doivent intervenir pour réglementer les rapports sociaux ? Il semble que c'est là une question depuis longtemps vidée : au xviiie siècle, un vent de liberté avait soufflé sur le monde, agitant philosophes et réformateurs ; les uns et les autres avaient pris chaleureusement la défense de l'initiative individuelle contre l'omnipotence de l'État et, en définitive, paraissaient avoir remporté une décisive victoire. N'était-ce qu'une apparence ? Je ne le crois pas. Le principe, une fois reconnu, ne pouvait plus être anéanti.

Mais, de sa mise en application, ont résulté certains inconvénients qu'on cherche aujourd'hui à faire disparaître, en reconstituant peu à peu le régime restrictif que le siècle dernier avait aboli.

Le commerce et l'industrie se sont développés; les richesses se sont accrues, mais se sont mal réparties; la multiplicité des intérêts a fait croire à leur antagonisme : on s'est ingénié à trouver des remèdes à une situation dont l'iniquité frappait. Se rappelant que, si l'on peut faire tout ce qui ne nuit pas à autrui, l'exercice des droits naturels de chaque homme a des bornes, celles qui assurent aux autres membres de la Société la jouissance de ces mêmes droits (1), on a eu recours à l'État pour poser des limites : mais on n'a pu se mettre d'accord sur leur étendue. D'aucuns persistent même à nier leur nécessité.

La première question figurant au programme du Congrès, est divisée en trois parties :

1º Limitation de la journée de travail pour les enfants et filles mineures ;

2º Limitation de la journée de travail, et travail de nuit pour les femmes ;

3º Limitation de la journée de travail pour les hommes adultes.

Je ne dois vous entretenir, Messieurs, que de ce qui a trait aux enfants et filles mineures. Au sujet des femmes et surtout des hommes adultes, le débat sera assurément passionné : car la réglementation du travail des adultes a un caractère éminemment socialiste ; elle mène tout droit à la fixation du taux des salaires et du prix des denrées.

Au sujet des enfants et des filles mineures, la discussion sera moins vive : ici, en effet, il ne s'agit plus d'apporter des entraves à l'exercice de la liberté individuelle, mais, au contraire, de permettre à cette liberté de s'exercer.

Jadis, la loi romaine avait organisé la puissance paternelle dans l'intérêt du père; en sens inverse, la loi germanique la concevait dans l'intérêt de l'enfant. C'est cette seconde conception qui a prévalu. Aussi, dans nos sociétés modernes, l'État intervient-il uniquement pour assurer à l'enfant la jouissance d'un droit qu'il tient de sa naissance : celui de conserver et de développer son être. Il s'arroge, en quelque sorte, la puissance paternelle, sur cette constatation qu'il en est fait un mauvais usage par les personnes qui en sont naturellement investies.

La divergence que je signalais tout-à-l'heure entre la loi romaine et

_____

(1) Déclaration des droits de l'homme et du citoyen.

la loi germanique a laissé quelques traces dans les législations actuelles : nous voyons que dans les pays où la loi française (qui a hérité de la loi romaine, le respect des droits du père de famille), a fait sentir son influence, le législateur hésite à faire intervenir l'État vis-à-vis de l'enfant. C'est ainsi, par exemple, que la Belgique se montre encore réfractaire à la protection de l'enfance ouvrière, alors que l'Angleterre en a admis le principe depuis le commencement du siècle.

Si je cite ces deux pays, Messieurs, c'est parce qu'ils sont tous deux manufacturiers. Il en est d'autres, en effet, où la question de la protection de l'enfance ouvrière ne s'est pas encore posée : ce sont les pays particulièrement agricoles, tels que les États espagnols américains, certains États de l'Union Américaine, la Turquie, la Grèce, la Russie, etc. Là, pas ou du moins peu d'usines mettant en danger le développement de l'enfant; donc pas de lois réglementaires.

Mais nous pouvons dire, Messieurs, qu'à l'heure présente, dans les pays qui ont atteint le plus haut degré de civilisation, on ne conteste plus guère le principe de l'intervention des pouvoirs publics en faveur des enfants et des filles mineures.

Depuis 1800, les lois restrictives ont été promulguées dans les pays que je vais énumérer en suivant l'ordre chronologique :

Angleterre 1802.

Prusse 1839.

Autriche 1839. (Disons en passant, à l'honneur de ce pays, que dès 1787, une ordonnance y interdisait d'employer les enfants de moins de 9 ans, *sans nécessité.*)

Bade 1840.

Bavière 1841.

France 1841.

Suède 1846.

Danemark 1873.

Espagne 1873.

Hollande 1874.

Luxembourg 1876.

Si l'on considère les circonstances dans lesquelles ces diverses lois ont été édictées, on s'aperçoit qu'elles ont pour but non seulement de faire respecter le libre exercice des droits naturels de l'enfant, mais aussi d'assurer la sécurité de la société elle-même, en préparant pour sa défense des soldats robustes.

En Prusse, la première disposition législative fut prise sur les instances d'un officier de recrutement qui avait été effrayé du faible contingent fourni par les districts manufacturiers. En Angleterre, le ministre Pitt, ayant arraché aux usines les ouvriers pour les envoyer sur les champs de bataille, avait dit aux industriels. « Prenez les enfants! » Qu'en résulta-t-il? Une diminution de la force physique de la nation anglaise. Alors, Robert Peel s'écria : « Sauvez les enfants! » et le premier bill de protection fut voté. En France, le danger était le même : avant la loi de 1841, on voyait à Roubaix des travailleurs de 6 ans!

Cependant, Messieurs, l'intervention des pouvoirs publics dans les conditions du travail des enfants compte encore des adversaires. Les uns s'obstinent à y voir une atteinte à l'autorité paternelle; les autres craignent qu'on n'éloigne pour toujours l'ouvrier de l'atelier, en l'empêchant de prendre de bonne heure le goût du travail. Certains prétendent que c'est là une protection qui n'atteint pas le but qu'elle se propose : « Vous reculez, disent-ils, le moment auquel l'enfant peut, par son salaire, augmenter les ressources de la famille; ne sera-t-il pas le premier à souffrir de cette misère prolongée ? »

Enfin, dans l'ordre purement économique, on fait valoir que la limitation du travail des enfants conduit indirectement à celle du travail des adultes, tout au moins dans les industries où les ouvriers sont répartis par équipes, telles que les industries textile, métallurgique, céramique, etc..... Là, l'enfant est étroitement associé à l'adulte : les conditions du travail de l'un ne peuvent être changées sans altérer profondément la situation de l'autre.

Il ne faut pas se dissimuler la puissance de ces objections : leur force est telle que le législateur lui-même a dû en tenir compte. Aussi n'a-t-on pas sur cette matière de système homogène.

Je n'entreprendrai pas, Messieurs, d'énoncer et de comparer devant vous les mesures édictées tant en France qu'à l'étranger.

Il me suffit de constater qu'elles peuvent toutes se classer selon quatre catégories :

> 1re Catégorie. — Age minimum d'admission au travail des
> enfants et des filles mineures.
>
> 2e Catégorie. — Durée du travail.
>
> 3e Catégorie. — Travail de nuit.
>
> 4e Catégorie. — Travail des dimanches et jours fériés.

Sur ces divers points, les dispositions varient avec les pays; les uns permettent l'accès de l'usine à 10 ans, les autres à 14 ou à 16. D'aucuns exigent, en outre, un certificat d'aptitude physique (Angleterre).

On n'est pas d'accord sur la fixation des heures de nuit; on l'est encore moins en ce qui touche la délimitation de la durée du travail. Presque toutes les législations interdisent le travail du dimanche et des jours fériés. Il en est même qui enjoignent aux patrons d'accorder à l'ouvrier des jours de congé supplémentaires. (Angleterre.)

Vous voyez, Messsieurs, que vos esprits peuvent s'exercer sur un vaste champ d'études.

J'ai la conviction que la discussion à laquelle vous allez vous livrer portera ses fruits; du choc des idées jaillit la lumière.

M. LE PRÉSIDENT. — Je remercie M. Neubourg de son exposé, et suis prêt à donner la parole à ceux qui la demanderont.

M. RENAUD. — Je crois, en effet, qu'il y a avantage à réglementer le travail des enfants et des filles mineures, seul moyen d'empêcher l'appauvrissement de la race. Mais, d'un autre côté, on est obligé d'envoyer l'enfant à l'école et je crains qu'à force de vouloir réglementer la liberté on finisse par ne plus en avoir du tout.

M. NEUBOURG. — Je ne crois pas que la loi régissant le travail des enfants et des filles mineures puisse nuire à la loi régissant l'instruction obligatoire.

M. NOTELLE. — Parmi les enfants mineurs, il y en a qui sont orphelins et d'autres qui ont leurs parents. L'État doit prendre la tutelle de ceux qui sont orphelins et agir vis-à-vis d'eux comme un père de famille. Pour l'enfant mineur qui a ses parents, l'État doit faire une loi forçant le père à élever son enfant selon sa condition. L'État doit intervenir, non comme État, mais comme tuteur. Cette tutelle est un devoir pour lui.

M. VILLAIN. — Je suis partisan de l'intervention de l'État pour la limitation du travail des enfants. L'État peut limiter en ceci l'autorité du père de famille. Les industriels sont quelquefois opposés à une loi qui peut apporter dans leur industrie une perturbation profonde. Cependant, la non-exécution de la loi vient des familles ouvrières cherchant par tous les moyens possibles à rendre profitable le travail de tous les membres de la famille, qu'ils soient adultes, qu'ils soient enfants. Ces familles sollicitent les patrons de prendre leurs enfants, en violation de la loi de 1874. Il y a de nombreux faits mis en lumière par les inspecteurs chargés de faire appliquer cette loi dans leurs différentes régions; inspecteurs qui sont, je crois, au nombre de 18. Autrefois, ces inspecteurs adressaient leurs rapports à une commission supérieure choisie d'après les termes de la loi de 1874 et qui siégeait au ministère du Commerce. Le rapport de cette commission supérieure était adressé au Président de la République. Aujourd'hui, on annexe au rapport de la commission supérieure les 18 rapports des inspecteurs.

L'inspecteur de la région de l'Ouest insiste sur la nécessité qu'il y a pour les pères de famille d'envoyer leurs enfants dans les usines affectées à la conservation des sardines. A certains moments de l'année, les bancs de sardines passent. Toute la population côtière va pêcher, et les femmes et les vieillards restent aux usines pour la cuisson, le nettoyage et l'épluchage des poissons.

De bien loin dans l'intérieur des terres arrivent des familles entières. Les femmes amènent leurs enfants. Faut-il, à cause de la loi de 1874, laisser les enfants vagabonder dans les rues, ou ne vaut-il pas mieux laisser ces enfants dans l'usine s'occuper à des travaux qui n'exigent pas un grand déploiement de force? Il vaut donc mieux se plier aux usages.

Il en est de même pour l'épluchage des abricots; les femmes de la campagne amènent leurs enfants avec elles.

Il y a un point sur lequel je veux tout particulièrement insister, au nom de ceux qui sont partisans résolus de l'intervention de l'État pour la limitation du travail des enfants : c'est d'appliquer la loi partout où elle peut être appliquée, afin de ne plus voir, par exemple, dans les rapports des inspecteurs, ceci : que lorsqu'ils se présentent dans les usines, immédiatement une fausse porte s'ouvre, par laquelle on fait sortir les enfants.

Il y a même des familles qui arrivent à modifier l'état civil de l'enfant et rendent plus difficile le contrôle de ces inspecteurs. Ces inspecteurs coûtent à l'État 500.000 francs, et leur fonctionnement est un peu illusoire.

Rien que ce fait montre à quelles difficultés on arriverait si on voulait étendre l'intervention de l'État au travail des femmes et des adultes, alors que sur un point, où tout le monde est d'accord, on rencontre tant de difficultés. C'est là-dessus que j'appelle votre attention. (*Applaudissements.*)

M. Chepié. — Il y a une anomalie entre l'application de la loi de 1882 sur l'instruction obligatoire et la loi de 1874 sur le travail des enfants. Il faut qu'à douze ans l'enfant soit nanti d'un certificat d'études ou il doit fréquenter l'école jusqu'à treize ans. Comment donc peut-il être admis à douze ans dans les usines et manufactures ?

Cette question, posée souvent, se résout dans ce sens. La loi est appliquée aux enfants que les inspecteurs trouvent dans les ateliers, et la loi de 1882 reste la même pour les Commissions scolaires, c'est-à-dire que ces Commissions ont le droit de forcer les enfants qui ne possèdent pas leur certificat d'études à fréquenter l'école jusqu'à l'âge de treize ans.

La loi votée en 1888 par la Chambre, et que le Sénat votera certainement, élève l'âge d'admission des enfants à treize ans, et met fin à cette anomalie.

Il y aurait à être rigoureux vis-à-vis des parents, mais dans la pratique, il faut reconnaître que l'État aurait beaucoup de peine à atteindre chaque père de famille qui cherche à se soustraire à son devoir. Il est beaucoup plus simple de dire que les industriels pris en flagrant délit seront punis.

Un membre. — Notre rapporteur disait qu'il faut habituer les enfants à travailler de bonne heure, et que cette habitude doit être prise dans la famille. Nous voyons ici, dans l'industrie parisienne, l'emploi de ce que l'on appelle les petites mains. Il serait difficile d'empêcher cela et je ne crois pas que ces travaux soient un obstacle au développement des enfants. Fourrier disait qu'il y avait des travaux attrayants, et il indiquait des séries de travaux que les enfants faisaient dès le bas-âge, et il concluait en disant qu'ils étaient utiles pour développer leur intelligence et leur santé.

Mais, dans une question sympathique à tous, comme celle-ci, la protection de l'enfance, l'intervention de l'État est à peu près impuissante. On vous a dit que les inspecteurs arrivaient à peine à faire respecter la loi.

Je suis de l'avis de M. Notelle. Quand il s'agit d'un mineur, il doit y avoir tutelle de la part de l'État. Mais je préférerais que toutes ces questions là fussent remises aux municipalités, de telle sorte qu'on pourrait faire plier la protection à laquelle ont droit ces enfants aux usages mêmes du pays. Dans certains pays où l'industrie est agricole, il n'est pas mauvais de les employer à certains travaux. Pour la plantation des pommes de terre, ils se contentent de jeter la pomme de terre dans un trou, et c'est plutôt une distraction qu'une fatigue. Ce travail ne peut entraver le développement ni moral ni physique de l'enfant. La loi qui ne fait aucune distinction est trop générale. Elle peut, à mon avis, commettre de grandes erreurs et faire plus de mal que de bien.

M. Chepié. — M. Villain disait très bien que les parents agissent souvent par spéculation et qu'ils consentiraient parfaitement à ce que l'on assujettisse leurs enfants à un travail pénible, quelquefois même dangereux.

Quant aux municipalités, leur intervention serait absolument illusoire. Ce n'est pas le conseil, mais le maire, qui refuserait ou autoriserait l'emploi de l'enfant, et le maire craindrait de mécontenter quelques-uns de ses concitoyens. C'est donc avec beaucoup de raison que l'État s'est chargé de ce soin. La protection doit donc appartenir à l'État, parce qu'il pourrait y avoir faiblesse de la part des maires.

Malgré les rapports dont M. Villain parlait tout à l'heure, je soutiens que, depuis la loi de 1874, beaucoup d'abus n'existent plus. Nous ne saurions mieux faire que de continuer dans cette voie.

M. Louvot. — M. Chepié voit un inconvénient dans l'intervention du maire. Dans chaque commune, une Commission est nommée pour l'application de la loi sur l'instruction obligatoire. On pourrait de même confier à une Commission la surveillance des enfants. Cette Commission pourrait permettre aux enfants de travailler à certaines heures, à certains moments, à certaines époques. Dans certains pays, il y a des travaux agricoles pour lesquels le travail des enfants est absolument nécessaire. On parlait tout à l'heure des sardines, des abricots. Il existe beaucoup de cas semblables. Ce travail n'est que temporaire. C'est une distraction pour l'enfant qui travaille à côté de ses parents, et il prend l'habitude du travail. La loi de 1874, appliquée sérieusement, serait plutôt une cause de paresse.

M. Villain. — Certes, l'intervention de l'État a des avantages. M. Chepié disait qu'avant la loi de 1874, il y avait des abus monstrueux. Le législateur qui a souci de la conservation de la race doit y mettre fin. La loi de 1874 est une loi, non municipale, mais de l'État. Pour en rendre l'application facile, le législateur a créé, dans chaque arrondissement, une commission locale qui doit surveiller l'exécution de la loi en servant d'auxiliaire aux inspecteurs nommés par l'État. Au-dessus de ces Commissions locales, il y a un service d'inspecteurs départementaux, payés par les Conseils généraux. Au-dessus encore, des inspecteurs nommés par le Ministre du Commerce.

Sauf quelques régions, les Commissions locales n'ont fonctionné nulle part. Et cela parce que ces Commissions locales doivent être compétentes. On a pris les membres parmi les industriels, les médecins, les philanthropes.

Voici un exemple : à Bolbec, je crois, la Commission était composée d'un grand nombre d'industriels, de filateurs. Comment voulez-vous que des filateurs aillent les uns chez les autres pour surveiller le travail des enfants ? Est-ce que, à un moment donné, ils n'auront pas le désir de regarder de très près le travail que leurs voisins font ?

Dans bien des cas, les Commissions ne se sont réunies que pour protester contre leur institution même.

Au point de vue pratique, il est absolument nécessaire que des agents de l'État soient chargés de l'application de la loi. On comptait sur les départements. Le département de la Seine a très libéralement voté ce qu'on lui demandait pour rétribuer la Commission départementale, mais des départements très industrieux n'ont jamais rien voté.

Il faut que cette loi d'État soit appliquée par des agents de l'État, rétribués par l'État.

M. SMITH. — L'expérience faite en Angleterre confirme ce que viennent de dire MM. Chepié et Villain. Est-ce que nos grands industriels anglais, membres des commissions, vont eux-mêmes se condamner pour violation de la loi sur le travail des enfants ?

C'est le Gouvernement qui doit nommer des inspecteurs absolument indépendants. Nous sommes tous d'avis qu'il est regrettable que les enfants travaillent trop. En appliquant ce principe, on peut être ruiné par une nation voisine concurrente qui ne l'appliquerait pas. Ce Congrès, qui est international, pourrait émettre ce vœu, qui ne se réalisera pas demain : que les lois qui régissent le travail des enfants deviennent internationales, afin que la concurrence soit basée sur le mérite du travail, et non sur des heures fatigantes imposées aux enfants qui travaillent dans les petits ateliers.

L'enfant peut faire des petits travaux, mais non les gros travaux des centres industriels, qui sont nuisibles surtout aux jeunes filles dont le corps est peu développé. J'ai visité récemment un district où les jeunes filles font des chaînes et des clous : c'est un travail de maréchal-ferrant. Elles ont presque toutes des accouchements qui se présentent mal. La commission d'enquête de la Chambre des lords, cite des actes de cruauté commis sur des enfants qui travaillent dans les petits ateliers privés.

Dans une même chambre, tout le monde travaille, couche, dort et fait la cuisine. J'ai fait une enquête et j'ai vu qu'il y avait là des épidémies. Vous achetez un paletot qui sort de là, et deux semaines après vous avez la petite vérole.

Nous sommes arrivés, en Angleterre, à nous demander si nous ne devons pas forcer tout ouvrier qui travaille chez lui, à faire inscrire son domicile privé comme un atelier public, en l'obligeant à ouvrir sa porte aux inspecteurs de salubrité et aux inspecteurs de la loi sur les fabriques ? Nous avons la conviction que les municipalités sont impuissantes et que, seul, l'État peut quelque chose. (*Applaudissements.*)

M. OUDINET. — Tous les pères de famille qui feront travailler leurs enfants pourraient en faire la déclaration à la mairie.

Un membre. — Aucun enfant ne devrait être admis dans un établissement industriel quelconque s'il n'a treize ans révolus. Le Congrès pourrait émettre le vœu que la liberté soit observée.

M. LE PRÉSIDENT. — Le Congrès n'émettra pas de vœu : la motion sera consignée au procès-verbal. Ce qui donnera de l'autorité à votre proposition, ce seront les motifs que vous ferez valoir et les réponses qui y seront faites. Nous croyons qu'une discussion peut avoir une importance aussi grande qu'un vœu. Voilà pourquoi nous avons pris la détermination de ne pas faire voter sur les propositions qui nous seront soumises.

M. CHEPIÉ. — On n'inspecte, on ne protège l'enfant que dans les usines, les manufactures, etc., où on emploie des enfants étrangers, mais non chez le père de famille.

Quant aux commissions locales, M. Villain a parfaitement dit comment elles fonctionnaient.

Là où l'inspecteur voyait un danger pour l'enfant, à cause des machines, la commission locale (où il y avait un industriel qui était un confrère) trouvait qu'il n'y avait aucune cause de danger. L'action des pouvoirs publics était donc annihilée, et on ne pouvait pas imposer de modifier l'outillage en installant des appareils protecteurs.

Un membre. — Je fais partie d'une commission locale, et j'ai lu les rapports des inspecteurs. Les ateliers sont visités par des gens incompétents. Un d'eux a même proposé à certains Conseils municipaux de faire entrer dans ces Commissions des praticiens connaissant les ateliers.

Dans d'autres rapports, on se plaint que la Commission ne fonctionne pas, que certains industriels n'ont pas voulu recevoir d'autres industriels, leurs concurrents, et qu'on a vu d'un très bon œil l'élément ouvrier admis dans ces commissions. Plusieurs de mes amis ouvriers m'ont dit : nous n'avons pas réfléchi qu'il nous était presque impossible de fonctionner, n'étant pas rétribués pour ces dérangements.

Il y a là une lacune. Les ouvriers peuvent rendre les plus grands services. Dans des ateliers où les inspecteurs avaient trouvé que tout allait pour le mieux, j'ai vu tourner des manivelles trop basses, j'ai vu des étaux qui étaient trop bas.

M. Villain. — Je signale, en passant, les tendances actuelles du Conseil municipal de Paris. On prend des ouvriers, mais avec un mandat impératif très précis de ne pas se contenter purement et simplement d'exercer les prérogatives que leur confère la loi, mais de vouloir mettre en pratique les résolutions prises dans les Congrès possibilistes et révolutionnaires, et de se servir de cette arme là en vue d'arriver à leurs fins.

M. Léon Donnat. — Je crois que nous sommes tous d'accord sur l'intervention de l'État dans la protection des enfants mineurs. Dans ce cas, l'intervention des pouvoirs publics pour protéger la santé des enfants, la race elle-même, se trouve justifiée. C'est là une conclusion qui nous paraît ressortir bien clairement du débat qui vient d'avoir lieu.

La parole est à M. Chépié, pour son exposé sur la limitation de la journée de travail, et la question du travail de nuit pour les femmes.

M. Chépié. — Messieurs,

Notre Congrès ayant pour titre : *De l'intervention des pouvoirs publics dans le contrat du travail*, le comité d'organisation, nommé par M. le Ministre du Commerce, a pensé qu'il y avait lieu d'introduire dans le programme de nos travaux, la question du travail des femmes, et m'a fait l'honneur de me confier le soin de développer, devant vous, les divers points sur lesquels il paraît utile de faire porter les observations que les membres du Congrès peuvent avoir à présenter sur ce sujet.

La question de l'intervention des pouvoirs publics dans le contrat de travail, notamment en ce qui concerne le travail des femmes, a acquis depuis un demi-siècle une importance capitale, par l'application de la vapeur, par la création de grands établissements industriels, où l'impérieuse machine commande impitoyablement au travailleur, ne lui laissant ni trêve ni repos, où chaque arrêt de l'ouvrier est une perte pour l'exploitant, et dans lesquels le capital, seul et véritable patron anonyme, ne tolère pas même un ralentissement passager.

L'immense concentration de capitaux affectés à des exploitations industrielles considérables, les découvertes incessantes de la science, le perfectionnement constant de l'outillage mécanique, la concurrence, et enfin, la situation économique respective des divers pays du globe, sont autant de causes de changement dans les conditions du travail.

Ces conditions sont absolument différentes entre le travail à l'usine ou à la grande manufacture, et celui qui est fait dans les petits ateliers. Dans les petits ateliers de famille, l'ouvrière travaille assise, elle peut prendre telle attitude qui lui convient et mettre un temps d'arrêt dans l'exécution du travail qui lui est confié; cette facilité équivaut au repos intermittent. Dans la grande industrie, au contraire, la disposition des machines oblige le personnel à travailler debout : le patron ne tolère pas de sièges dans l'atelier, soit qu'il veuille éviter l'encombrement ou qu'il craigne que l'ouvrière n'apporte pas assez d'attention et d'activité; et pourtant, chacun sait que l'obligation de rester debout est, pour la femme, une cause de fatigue excessive et que, dans certains moments, cette fatigue peut provoquer des maladies sérieuses et quelquefois incurables.

Ces inconvénients ne sont pas les seuls qui résultent des conditions du travail; il en est d'autres qui méritent non moins de fixer l'attention.

Dans diverses industries, les femmes sont employées à des travaux malsains ou trop pénibles, à des manipulations qui les obligent à prendre une posture pouvant occasionner des dérangements physiques ; ajoutons à cela que, dans les grands établissements industriels où sont employés des ouvriers des deux sexes, la promiscuité engendre parfois l'immoralité, ou cause tout au moins de nombreux manquements au devoir.

Si nous envisageons notre sujet au point de vue du salaire, les forces sont-elles égales pour la défense des intérêts purement matériels; les patrons des grandes entreprises industrielles étant pour la plupart des gérants, peuvent-ils tenir compte des réclamations qui ne manquent jamais de se produire de la part des ouvriers, lorsque la société anonyme a décidé que les prix de façon seraient abaissés, ou lorsque les conditions de la vie s'étant modifiées, les ouvriers prétendent avoir droit à une augmentation de salaire. Autant de points à examiner.

Après examen, si nous sommes certains que le travail des femmes, employées dans l'industrie, s'effectue dans des conditions pouvant occasionner des maladies passagères ou chroniques; provoquer des accidents capables d'entraîner des incapacités de travail temporaires ou définitives; que la journée de travail est exagérée, que les ateliers sont dans de mauvaises conditions d'hygiène ou qu'on s'y livre à des manipulations produisant des émanations préjudiciables à la santé ; que la rémunération étant insuffisante, l'ouvrière ne puisse subsister sans avoir recours à la bienfaisance publique ; si, disons-nous, nous sommes convaincus que toutes ces choses existent et qu'il peut en résulter, comme conséquence, l'amoindrissement de la race, devons-nous conclure à l'intervention des pouvoirs publics ?

Sans entrer dans le fond même de la question, nous nous permettrons de faire observer que le principe de l'intervention des pouvoirs publics dans le contrat de travail a déjà reçu son application non seulement en France, mais encore dans tous les pays industriels.

Au commencement du siècle, dès 1802, l'Angleterre, sur l'initiative de Robert Peel, limitait l'emploi de l'enfant à douze heures dans les manufactures de coton et laine ; en 1819, un bill interdisait l'emploi des enfants âgés de moins de neuf ans. D'autres dispositions furent édictées en 1819, 1820, 1830, 1831, et une loi de 1833 interdit le travail de nuit aux adolescents de moins de dix-huit ans, dans les manufactures de coton, laine, lin, chanvre et soie. Le 6 juin 1844, un bill assimile les femmes aux adolescents ; un acte de 1850 fixe la journée des femmes et des adolescents, de six heures du matin à six heures du soir pour le tissage, l'impression sur étoffes, le blanchissage, le finissage et la teinture des tissus. Cette législation est étendue, en 1861, à la fabrication des allumettes, du papier, du verre et du cristal, du tabac, du caoutchouc et, en général, à toute industrie employant plus de cinquante ouvriers.

L'Angleterre n'a pas été seule à entrer dans la voie de la réglementation du travail ; les États Allemands, l'Autriche, la Russie, le Danemark et jusqu'aux États-Unis, ont suivi son exemple.

En France, c'est en 1841 seulement qu'une loi de réglementation du travail des enfants a été votée ; puis, le 15 février 1847, le gouvernement présentait à la Chambre des pairs un projet tendant à limiter à 12 heures la journée des filles et des femmes ; le 9 septembre 1848, un décret fut rendu, limitant à 12 heures la journée de travail pour les adultes des deux sexes. Ce décret reçut une nouvelle sanction par une loi en date du 16 février 1883. Le 19 mai 1874, l'Assemblée nationale vota la loi sur le travail des enfants et des filles mineures ; cette loi interdit l'emploi des femmes et des filles dans les travaux souterrains, et, tout récemment, la Chambre des Députés a adopté une loi limitant à 11 heures la journée de travail pour les filles âgées de dix-huit ans et les femmes ; à 10 heures pour les enfants âgés de moins de dix-huit ans. Elle interdit l'emploi des femmes, filles et enfants dans les établissements insalubres ou dangereux et prescrit l'obligation d'un repos hebdomadaire; elle maintient l'interdiction de l'emploi des femmes et des filles dans les travaux souterrains; et la proscription concernant le travail de nuit, qui, dans la loi précédente, ne visait que les filles, est étendue aux femmes, malgré une protestation énergique, présentée au Parlement par les ouvrières des importantes filatures du département des Vosges.

L'intervention des pouvoirs publics dans le contrat de travail a donc reçu un commencement d'exécution : doit-on en admettre l'extension ?

Sur ce point, deux opinions contraires divisent les hommes qui s'occupent de ces questions : d'un côté, ceux qui pensent que, l'État étant le gardien de la justice, ayant pour devoir de protéger le faible contre le fort, les pouvoirs publics doivent intervenir partout où se produit un fait présentant le caractère d'une injustice sociale; puis posant en principe que le droit à l'existence est imprescriptible, ils affirment que cette intervention est juste et nécessaire, chaque fois qu'une fraction plus ou moins importante comme nombre, mais dont la puissance est en raison de la situation acquise et de la quantité de capitaux dont elle dispose, peut, par ses agissements, réduire à l'état d'extrême misère, une partie notable des membres qui composent la société.

Ils soutiennent, en outre, que l'État intervenant pour tout ce qui a trait à la sécurité, la salubrité, l'hygiène et même la morale, doit aussi intervenir dans le contrat de travail, parce que les transformations opérées dans l'industrie, la concentration des capitaux et la création de grandes exploitations industrielles entre les mains de sociétés anonymes puissantes, ont créé une situation nouvelle, qui peut faire qu'à certains moments, un nombre considérable d'ouvriers se trouvent privés de salaire, ou sont appelés à le voir réduire à des proportions ne permettant pas de satisfaire aux nécessités de la vie; les obligeant ainsi à demander à la bienfaisance publique les moyens de subsister. Ceux qui partagent ces idées concluent que cet état de choses a, comme conséquences, la dégradation des esprits, la démoralisation et l'affaiblissement de la race, et qu'il appartient aux pouvoirs publics d'intervenir dans un but de préservation et de développement des forces sociales.

Dans un autre ordre d'idées, nous trouvons des esprits distingués, dont les sentiments philanthropiques sont notoirement connus, mais qui ne sont pas moins des partisans résolus de la doctrine de laisser faire, laisser passer; ardents défenseurs de la liberté absolue, ils sont fermement convaincus que le jeu naturel des intérêts, c'est-à-dire la loi de l'offre et de la demande, est un correctif suffisant et plus efficace, pour assurer la justice dans les rapports du travail et du capital, que la réglementation la mieux entendue et la mieux appliquée.

A leur avis, l'intervention de l'État, dans le contrat de travail, est non seulement contraire au principe de liberté, mais encore elle aboutirait à un régime de tutelle, dont ceux que l'on a l'intention de protéger seraient les premiers à réclamer la suppression ; contestant que l'ouvrier soit dans un état d'infériorité vis-à-vis du patron, ils soutiennent que, si on se laisse entraîner dans la voie de la réglementation, on arrivera à supprimer ce qui constitue la dignité et la moralité humaine ; par ce système, disent-ils, la société se trouverait bientôt transformée en une espèce de troupeau sur lequel devrait veiller sans relâche le législateur proclamé infaillible, et par suite, l'État deviendrait responsable de tout; s'il intervient dans le contrat sous forme de limitation de la journée de travail, d'interdiction pour certains travaux, ou de fixation d'un minimum de salaire, il faut qu'il puisse assurer d'une manière quelconque l'équivalent de la perte en salaire, qu'il aura imposée à l'ouvrier par le fait de son intervention.

S'il convient de se placer en présence de ces idées opposées, pour l'examen approfondi de la question de l'intervention des pouvoirs publics dans le contrat de travail en général, il ne faut pas oublier que l'étude du sujet, qui nous occupe en ce moment, exige que l'on tienne compte du rôle incombant à la femme par les lois de la nature, des devoirs que la société lui impose, de sa faiblesse relative et enfin de son organisation physique.

Il faut donc envisager la question du travail des femmes, aux points de vue de la préservation et du développement des forces physiques, de l'élévation du niveau intellectuel et moral aboutissant au perfectionnement de la race, et comme corollaire, à un état social meilleur.

Il vous appartient, Messieurs, de produire vos opinions, d'émettre les idées que vous pouvez avoir sur ce sujet, et vos travaux, nous en avons la certitude, jetteront un jour nouveau sur cette question si ardue du travail des femmes ; les pouvoirs publics, s'inspirant de vos sages réflexions, pourront marcher avec assurance dans la direction que vous aurez indiquée ; et nous avons la conviction que vous aurez contribué à faire faire à l'humanité un pas de plus dans la voie du progrès.

M. LE PRÉSIDENT. — Je suis prêt à donner la parole à ceux qui la demanderont.

M. CHEPIÉ. — Pour ne pas perdre de temps, on pourrait diviser ainsi la discussion :

> Travaux souterains ;
>
> Travaux de nuit ;
>
> Travaux dans les établissements insalubres ou dangereux ;
>
> Durée de la journée de travail ;
>
> Fixation d'un minimum de salaire.

M. LÉON DONNAT. — En ce qui concerne un minimum de salaire, la question est à l'ordre du jour de la séance du 2 juillet.

Nous pourrions discuter tout d'abord sur les autres points.

Un membre. — Je demanderai de restreindre la discussion au point très important du travail de nuit.

M. DONNAT. — Il y a aussi à l'ordre du jour la limitation de la journée de travail. Nous allons discuter d'abord cette première question.

M. NEUBOURG. — Le Congrès admet que le travail des enfants mineurs dans les manufactures doit être réglementé. L'État doit donc intervenir. Mais cette intervention ne doit pas être la même pour les femmes. Victor Hugo disait que le degré de civilisation d'une nation se mesurait au degré de protection qu'elle accordait aux enfants et aux femmes. Cela n'est pas exact pour les femmes, et Victor Hugo se laissait entraîner par une extrême générosité.

Si la femme se trouve dans une situation inférieure vis-à-vis de l'homme, c'est un effet de notre législation. Ce n'est pas en réglementant le travail des femmes qu'on les protégera : c'est en leur donnant le droit d'association, le droit de s'endetter, etc.

M. FOURNIER DE FLAIX. — Je suis d'un avis opposé. La limitation du travail s'impose. La législation anglaise limite le travail, et nulle part le travail n'est aussi bien organisé qu'en Angleterre. L'ouvrier est fait aussi pour devenir un homme. Pour cela, il lui faut du temps, et ce temps il faut le lui donner.

Pour la femme, cela devient plus grave et plus sérieux. Si la femme travaille, il faut qu'elle travaille selon sa nature, selon ses devoirs, son tempérament. Vous voulez limiter le travail des enfants ; mais il faut limiter aussi le travail des mères, parce qu'il faut bien qu'elles élèvent les enfants. Il y a même des cas où la mère, la sœur, la tante devraient être tutrices.

Il faut tenir compte aussi de la constitution physique de la femme, et si vous limitez le travail de la femme dans la journée, il faut le lui interdire absolument la nuit.

M. VILLAIN. — Il s'agit de savoir si cette intervention de l'État pour limiter ce travail de la femme donnerait les résultats qu'on en espère. Les théories sont toujours très belles sur le papier. Voyons si l'application de ces lois, de ces règlements n'est pas impossible. Nous avons vu, tout à l'heure les difficultés énormes que rencontraient les inspecteurs d'État pour faire appliquer la loi sur le travail des enfants. Il faudrait donc créer de nouveaux inspecteurs pour les femmes et, comme je viens de l'entendre dire par un de nos collègues, le nombre des contrôleurs arriverait à dépasser le nombre des contrôlés.

Cependant, la moralité générale est supérieure dans les pays où le travail est limité. Les ouvriers emploient leurs loisirs à lire, à jardiner, à des jeux d'éducation physique, etc. Mais il ne faut pas croire que la réglementation du travail soit une cause de fortune. Notre collègue, M. Smith, ne me démentira pas. J'ai vu dans certains districts, à la sortie des manufactures, des femmes seulement vêtues d'une chemise, d'un jupon et d'un châle. La limitation de leur travail à 60 heures par semaine n'avait pas eu pour résultat de les enrichir.

Vous avez déjà supprimé aux familles ouvrières le produit du travail des enfants. Vous allez appliquer cette loi à la femme, mais vous verrez qu'il y aura des exceptions à la loi presque aussi nombreuses que ses applications.

Actuellement, le salaire de l'homme n'est pas suffisamment rémunérateur pour entretenir une famille nombreuse.

En appliquant rigoureusement la loi, je me demande s'il n'y aurait pas un obstacle même à l'augmentation du nombre des enfants. Les enfants, il faut les nourrir. Je reconnais pourtant, comme vous, qu'il n'y a rien de plus regrettable que de voir des femmes travailler huit jours de suite pendant la nuit. Mais, si la femme n'est pas là pour laver le linge, pour le raccommoder, ces travaux représentent une certaine valeur que la petite caisse de famille est obligée de payer. Il arrivera donc un moment où l'homme et la femme compareront les bénéfices réalisés par le travail de la femme, et les pertes occasionnées par son absence du foyer domestique. Le jour où le salaire des blanchisseuses sera assez élevé pour que la femme blanchisse elle-même son linge, il y aura un avantage énorme pour la famille à ce que la femme reste chez elle. Il n'y aura pas besoin de loi pour la faire rester au foyer domestique.

M. SMITH. — Je ferai remarquer au Congrès que ce travail des femmes et des enfants cause une concurrence énorme au travail de l'homme. Ceux qui ne veulent pas d'une loi d'État pourraient accepter le moyen suivant : que, pour un travail égal, la femme soit payée autant que l'homme. Cela réduirait singulièrement le nombre des femmes qui travaillent. On voit même des homme. ne vivre que sur le travail de la femme et des enfants. Nous sommes arrivés en Angleterre à limiter les heures de travail de la femme, à empêcher les travaux de nuit et les travaux souterrains.

Cependant, comme le disait M. Villain, elles sont mal vêtues et je crois que c'est précisément parce qu'elles travaillent au dehors, qu'elles se livrent à la boisson. Il me semble qu'en limitant le travail des femmes on pourrait amoindrir un peu la concurrence qu'elles font à leurs maris et à leurs enfants.

M. Léon Donnat. — Nous sommes partisans de la diminution des heures de travail aussi bien pour les femmes que pour les hommes.

M. Fournier de Flaix doit connaître les pays du Midi. J'y ai vu des femmes mariées assujetties à des travaux agricoles très prolongés, qu'on ne soupçonne même pas dans le Nord. Les femmes qui travaillent dans nos manufactures ne font pas un travail aussi fatigant. — Je crois qu'on pourrait arriver au résultat dénié, sans l'intervention des pouvoirs publics.

M. Smith disait qu'on pourrait fixer le salaire de la femme, mais alors il faudrait fixer le salaire de l'homme. Nous voyons tous les jours une tendance à élever le salaire de la femme. Cette tendance est très marquée à Paris. Dans nos écoles, nous payons nos institutrices autant que les instituteurs Dans les imprimeries, les femmes arrivent à toucher de forts salaires. Il y a donc un progrès réel.

Si la femme restait toujours à la maison, comme le voudrait M. Smith, ce ne serait plus la limitation de son travail : ce serait sa suppression complète. En parlant de la femme, nous la supposons toujours mariée. Il y a des femmes mariées, des femmes filles, des femmes veuves. Je ne sais pas pourquoi vous empêcheriez la jeune fille de gagner un salaire qui lui est indispensable, de ramasser un pécule suffisant pour se faire un trousseau, et, si elle ne se marie pas, d'économiser pour ses vieux jours. Elle est même souvent obligée de travailler plus que l'homme, et lorsqu'elle a des enfants à sa charge, je ne sais pas s'il serait bien humanitaire de lui dire : tu ne travailleras que 10 heures par jour, alors que tu aurais besoin de travailler 12 heures.

Ce serait un encouragement à la prostitution que d'empêcher la femme de supporter un travail nécessaire pour la faire vivre.

Voici des modistes qui font des chapeaux destinés à l'exportation. Le bateau va partir demain pour Buenos-Ayres. Il faut que les chapeaux soient faits. S'ils ne partaient pas, ce serait la ruine de l'industrie parisienne. Dans certains métiers, il y a 200 journées de morte saison, et ces ouvriers trouvent de quoi vivre, parce qu'ils travaillent jusqu'à 18 heures par jour et que les salaires sont très élevés.

La loi ne pourrait donc pas intervenir d'une manière efficace; elle serait même parfois inhumaine et dangereuse. On se plaint en France, et avec raison, que la population n'augmente pas. Croit-on qu'en limitant les gains de la famille, on augmentera le nombre des enfants?

M. FOURNIER DE FLAIX. — Je fais remarquer que j'ai fait allusion d'une manière générale au travail dont s'occupe la loi, au travail des hommes et des femmes dans les manufactures, dans les usines. On me fait des objections toutes en dehors de ce travail.

J'ai vu également travailler dans le Midi où tout le monde travaille, mais c'est un travail basé sur les coutumes et sur la loi même des choses. Pendant les moissons et les vendanges, les femmes et les enfants travaillent. C'est la coutume. On peut travailler 12 heures, 15 heures; on ne leur appliquera pas la loi de l'usine.

Dans les usines, il n'en est pas de même. Il y a souvent des abus nombreux et c'est contre ces abus que se sont révoltés les législateurs. M. Villain disait que priver les ouvriers d'une heure de travail c'était les réduire à la misère. Je crois que les ouvriers gagnent beaucoup plus qu'on ne le pense.

Les caisses d'épargne de Lyon possèdent 94 millions. Je trouve énorme ce chiffre économisé par les ouvriers.

En outre, je crois que l'ouvrier, au lieu de travailler 10 heures, 12 heures, produit autant en travaillant 9 heures. On a même constaté qu'il produisait davantage.

M. VILLAIN. — L'homme, la femme ou l'enfant, ont à leur disposition tous les jours une force vive déterminée, et qu'elle soit dépensée en 8 ou 10 heures, le produit final sera toujours le même.

La femme travaille-t-elle pour son plaisir ou son intérêt? Je ne crois pas que, elle qui est mensuellement maladive, aille de gaieté de cœur dans une usine. Elle y va donc par intérêt.

Mais s'il y a abus de la part des grands seigneurs industriels, on se révoltera et on trouvera dans l'association syndicale les éléments d'une résistance aux exigences des patrons. Il y a la grève.

Si les femmes trouvent qu'elles ont un intérêt à travailler, elles iront toujours dans l'usine.

M. Heldbronner. — Le travail de la femme au Canada est réglementé par la loi. Ce travail est très peu important et malgré cela, pour l'enrayer, on a assimilé la femme aux enfants et aux filles mineures. Nous avons remarqué dans une enquête que le salaire des femmes, supérieur à leur salaire en France, ne correspondait pourtant pas aux dépenses occasionnées par leur absence du foyer domestique. C'est dans les industries où la femme travaille le moins longtemps qu'elle est le mieux payée. Nous n'avons que l'usine. La femme y reste 5 ou 6 semaines avec un salaire dérisoire, elle gagne ensuite, selon sa capacité, entre 2 fr. 50 et 4 ou 5 francs. Son but est de pouvoir arriver à acheter quelques meubles pour entrer en ménage, puis elle ne travaille plus.

Ce sont les sociétés ouvrières des hommes qui ont été cause par leur pression sur le gouvernement de cette réglementation du travail des femmes. Les sociétés américaines ont pour principe que le père de famille a le devoir de nourrir sa famille. Dans la typographie, les ouvriers décidèrent que les femmes seraient payées autant qu'eux. Elles disparurent aussitôt des ateliers.

Par contre, dans certaines industries, l'homme a complétement disparu de l'atelier.

Un membre. — On a remarqué qu'il était très rare, contrairement à ce qu'a dit M. Fournier de Flaix, que les ouvriers puissent faire des économies. Ce sont les employés, les petits rentiers, les célibataires, les domestiques, qui mettent à la caisse d'épargne. D'autre part, dans les industries où il y a de la morte-saison, on doit travailler autant qu'on le peut dès que le travail revient. Mais dans les usines où on a remplacé l'homme par la femme, il serait juste que pour un travail égal on donne un salaire égal. Je suis partisan d'une réglementation.

M. Léon Donnat. — Il me semble que pour le travail dans les grandes manufactures on fait beaucoup plus de bruit que la question ne mérite. Les désirs qu'on manifeste sont circonscrits dans des limites assez restreintes.

On a limité le travail des hommes et des femmes à 12 heures, parce que nulle part on ne travaille plus de 12 heures. La loi anglaise a dû subir un grand nombre d'exceptions en ce qui concerne les adultes auxquels elle s'appliquait.

Dans la typographie, les hommes ont été mécontents de subir la concurrence des femmes dans l'atelier, mécontents de voir que le jour où ils avaient des prétentions exagérées de salaires, où une grève menaçait les patrons, ces derniers avaient la possibilité d'employer des femmes pour les remplacer, et alors les hommes ont dit : payez les femmes autant que nous. Je voudrais que le travail des femmes fût réduit, mais je ne vois pas la nécessité de faire intervenir la loi, dont l'uniformité brutale aurait tous les inconvénients déjà signalés.

C'est très bien de dire : il faut que la femme reste au foyer domestique. Qu'y fera-t-elle, la femme ? Il faut que l'homme y vienne manger. Combien avez-vous à Paris de ménages où l'homme ne mange pas chez lui ? Mais si l'ouvrier mange chez lui, je crois alors que l'intérêt de la femme est d'y rester. Il faut que sa présence chez elle représente un salaire équivalent à celui qu'elle gagne.

M. Louvot. — L'argument de M. Donnat, pour les moments de presse, peut aussi bien s'appliquer aux manufactures qu'aux modes. Ce qu'on demande à une loi, l'initiative privée pourrait l'obtenir. Vous avez pu voir la force de l'opinion publique au sujet de l'obligation qu'on faisait aux femmes de se tenir debout dans les magasins de nouveautés.

La séance est levée.

TROISIÈME SÉANCE

Mardi 2 juillet 1889

La séance est ouverte à 10 heures, sous la présidence de M. Léon Donnat.

La parole est à M. Gruhier, sur la limitation de la journée de travail pour les hommes adultes.

Réglementation des heures de travail pour les ouvriers adultes des deux sexes.

La question de la limitation des heures de travail tient une place importante dans les préoccupations des travailleurs adultes des deux sexes : elle a déjà donné lieu à de nombreuses discussions parmi les économistes, les industriels, et principalement les ouvriers qui, dans leurs divers congrès nationaux ou internationaux, n'ont jamais laissé passer l'occasion de l'inscrire à leur ordre du jour. Les résolutions finalement prises sur ce sujet, quoique rarement votées à l'unanimité, ont fait pencher la balance vers le désir de voir établir, par le législateur, une réglementation sur les heures de travail, devant servir de base uniforme à toutes les industries françaises.

Dans le but de faciliter à notre Congrès l'examen de cette question, concernant les ouvriers adultes des deux sexes, et surtout afin d'éviter les redites, j'ai pensé qu'il serait utile d'exposer, sans commentaires, les arguments fournis par les intéressés dans les divers Congrès, soit en faveur ou contre un projet de réglementation. Je passerai brièvement en revue les raisons qui m'ont paru devoir fixer plus particulièrement notre attention; j'en excepterai seulement les propositions plus ou moins révolutionnaires.

Raisons invoquées en faveur de la réglementation de la journée de travail.

Dans diverses industries où l'ouvrier respire un air saturé de matières insalubres, un séjour trop prolongé dans l'atelier est pernicieux pour sa santé.

Dans les métiers où l'ouvrier doit dépenser une grande force physique, la fatigue qui en résulte, ralentit forcément le rendement de sa production après un temps déterminé par une moyenne de 8 à 9 heures.

On affirme que, dans plusieurs grands ateliers et manufactures françaises où on a progressivement abaissé la journée de travail de 12 à 9 heures, le rendement a été le même.

Perfectionnez l'outillage, nous dit-on, et l'ouvrier produira plus rapidement et mieux. Exemple : l'Angleterre et l'Amérique. Donnez-lui plus de loisir pour soigner sa culture intellectuelle ; l'instruction perfectionnant et développant son intelligence, ses services à l'atelier seront plus précieux.

Contre le principe de réglementation du travail, on invoque celui de la liberté. Elle est jolie, votre liberté du travail. Cela pourrait être vrai, si la majeure partie des travailleurs se trouvait proportionnellement sur le même pied d'égalité avec les patrons.

Une réglementation pourrait, dans ce cas, intervenir équitablement, sans avoir recours à l'ingérence de l'État ; mais les conditions entre patron et ouvrier sont tellement inégales, que ce dernier, quoiqu'il fasse pour obtenir une plus juste répartition dans la distribution du travail, est presque toujours obligé de céder devant la puissance du capital.

La liberté du travail, invoquée si souvent lorsqu'il y a conflit, donne le droit à l'ouvrier de débattre le prix de son salaire, de ne pas accepter de faire à l'usine un travail en disproportion avec ses forces physiques ; mais, comme il est le plus généralement dépourvu de ressources, s'il n'accepte pas les conditions barbares des capitalistes industriels, il se voit la plupart du temps exposé, lui et les siens, à mourir de misère.

Qui peut, en pareille occurrence, établir à peu près la balance, si ce n'est l'État, par une réglementation, forçant les barons de nos grandes industries à tenir compte, dans une plus large mesure, de la situation des travailleurs, sans quoi le capital manuel sera toujours opprimé par le capital industriel ?

Je cite, pour terminer cette énumération, une argumentation qui paraît séduire davantage les travailleurs, quoiqu'elle ne soit plus en harmonie avec ce qui précède.

Lorsque les ouvriers ne feront plus que 8 heures au lieu de 12, le chômage diminuera forcément, étant donné qu'il faudra un tiers d'ouvriers en plus, pour faire la même quantité de travail.

Pour compléter ces renseignements, il est nécessaire d'ajouter que la diminution de la durée de la journée de travail, généralement demandée, ne doit comporter aucune diminution de salaire.

Raisons données par les adversaires de la réglementation de la journée de travail.

Dans l'agriculture, serait-il possible, en raison des saisons et des besoins, de réglementer la journée de travail?

Et dans les industries soumises directement au caprice des modes, aux fluctuations du marché, ne s'exerçant qu'à de certaines époques de l'année, surtout dans celles où, entre les saisons, il y a presque toujours un chômage assez prolongé, que l'ouvrier cherche à atténuer lorsque l'ouvrage revient, en travaillant autant que ses facultés le lui permettent?

Et dans les industries où tout se fait par coups de main?

Dans les métiers où le travail se fait aux pièces, il est très rare que les ouvriers soient partisans de la réglementation; c'est le contraire qui se produit, car des exemples ont été fournis, où des patrons avaient dû réglementer la journée des ouvriers piéçarts, qui sans cela, auraient fait 18 heures par jour.

Un argument qui mérite que l'on s'y arrête, est celui qui établit que, si le travail était payé à l'heure et non à la journée, le quantum de 12 heures serait souvent dépassé par l'ouvrier, si cela lui était loisible.

Dans l'industrie du bâtiment, où on est souvent obligé de suspendre les travaux, même lorsqu'ils sont très pressés, en raison du mauvais temps, et où l'on s'efforce de rattraper ce chômage forcé par un surcroît de travail lorsque la saison le permet.

Autre considération. Une quantité d'industries s'exercent en grande partie par les ouvriers et ouvrières dans leur domicile, au milieu de la famille. Comment pourrait-on réglementer leur journée? Cela paraît presque impossible, car si l'État a la faculté de faire surveiller les usines et ateliers, il lui serait difficile d'exercer son contrôle au domicile de ces ouvriers. Il y aurait donc une inégalité choquante entre la situation des ouvriers de la même industrie, que des raisons forcent à travailler à l'usine ; ils subiraient forcément la réglementation et de la journée et du salaire correspondant, alors que l'ouvrier travaillant chez lui pourrait, à sa convenance, prolonger son labeur quotidien pour augmenter son salaire en raison de ses besoins.

Et enfin, les ouvriers des industries menacées continuellement par la concurrence des puissances étrangères qui, en raison d'une situation économique plus avantageuse que celle de la France, encombrent nos marchés intérieurs de leurs produits manufacturés ?

Faites, disent ces ouvriers, qu'une législation internationale nous mette sur le même pied d'égalité, ou votre réglementation ne sera qu'un leurre, et nous préférons la liberté.

En terminant, je crois devoir porter à la connaissance des membres de notre Congrès que des hommes, versés dans la science économique, ayant traité cette question, disent avec raison :

Avant de faire une autre loi sur les heures de travail, faites en sorte que le gouvernement fasse respecter celle des 12 heures, promulguée en 1848. Si les gouvernements qui se sont succédés depuis cette époque n'ont pas pu tenir la main à ce que cette loi fût appliquée, comment pouvez-vous supposer qu'il y ait plus de chances dans la mise en vigueur d'une nouvelle loi de 8 à 10 heures de travail ?

La loi naturelle, disent-ils, est basée sur la question de l'offre et de la demande ; c'est celle des contrats librement consentis qui l'emportera toujours sur la réglementation faite par l'Etat. Cette question, ajoute-t-on, ne peut se résoudre efficacement qu'entre syndicats patronaux et ouvriers, c'est-à-dire entre tous les intéressés d'une même industrie.

La question qui nous occupe en ce moment peut être posée et divisée comme suit :

1° Une réglementation des heures de travail pour les adultes des deux sexes est-elle nécessaire ?

2° Doit-elle s'étendre à toutes nos industries ?

3° L'intervention de l'Etat est-elle indispensable ?

4° Au cas de l'adoption et de la mise en vigueur d'une nouvelle loi, le but proposé serait-il atteint ?

M. LE PRÉSIDENT. — Je remercie M. Gruhier de son exposé très complet. Il y donne toutes les raisons invoquées dans les différents congrès tenus en France ou ailleurs.

M. NOTELLE. — J'ai suivi avec la plus grande attention les discussions d'hier. L'impression qui m'en est restée est que nous sommes tous d'accord sur la nécessité d'améliorer le sort des enfants et des femmes d'ouvriers, et que l'opinion dominante a été d'écarter autant que possible la réglementation coercitive de l'Etat.

Tout ce qui nous entoure, tout ce que nous voyons, nous montre en effet qu'elle est antipathique avec les conditions de la société actuelle.

Sur ce terrain, je trouve tout d'abord une preuve indiscutable, je crois, de l'impossibilité de limiter par une loi le travail des adultes. L'État, qui est le délégataire de la souveraineté, ne peut, sous aucun prétexte, traiter le vrai souverain en mineur ou en interdit, en enlevant à la masse des ouvriers, qui forme la majorité de ses mandants, le droit de travailler comme il leur plaît et autant qu'ils le jugent nécessaire.

Cette observation nous amène à un rapprochement historique dont nous avons à tirer un précieux enseignement.

En France, il y a un siècle, nous avons fait une grande révolution pour briser, au prix des plus cruelles épreuves, le réseau de fer successivement forgé par la féodalité et l'autocratie, dans lequel la monarchie d'alors — moins par volonté que par tradition — comprimait encore les initiatives sociales. Dans l'enchevêtrement des institutions compressives de la liberté, il y en avait une assez analogue à celles dont nous contestons avec raison l'utilité : les jurandes et maîtrises, qui infligeaient à l'industrie, cette fonction alimentaire de la société, l'impossibilité de satisfaire aux besoins agrandis. Elle fut emportée avec tout le reste. Eh bien ! ce qu'on a détruit d'un seul coup, par de si pénibles efforts, sur quoi donc peut-on s'orienter pour le rétablir aujourd'hui pièce à pièce ? Singulier progrès, qu'un recul flagrant vers les défectuosités du passé !

Oui progrès, sans doute... à l'acheminement vers le socialisme d'État, qui est le despotisme le plus malfaisant, le plus difficile à combattre, parce qu'il se fait des complices de ses victimes.

Cette vérité pourra être mise dans sa complète évidence quand nous aborderons la question des privilèges. En attendant, il est utile que nous nous rendions bien compte de ce qu'est l'État, et de ce que nous pouvons en attendre. Pour qu'on ne se méprenne sur ma pensée, qu'on veuille me permettre d'abord cette déclaration : loin d'être l'adversaire de l'État, sommet naturel de la hiérarchie gouvernementale, j'en suis au contraire le défenseur très convaincu, et je voudrais qu'il recouvrât la plus grande somme possible de respect et d'autorité, en rentrant dans la sincérité de son rôle.

Bien que l'État soit une abstraction, il n'en est pas moins composé de personnalités très humaines, obéissant, inconsciemment parfois je le veux bien, mais toujours plus ou moins, à la loi de l'humanité, qui fait donner la préférence à ses intérêts particuliers sur l'intérêt général.

D'un autre côté, tandis que, dans les œuvres collectives d'intérêts privés, les responsabilités se hiérarchisent naturellement, dans celles de l'État, elles s'évanouissent à mesure qu'on monte l'échelle hiérarchique.

Il en résulte que, composé d'hommes en possession de la puissance, à peine contenus par une responsabilité illusoire, l'État tend sans cesse à agrandir son champ d'action, en imposant son ingérence dans tous les rapports sociaux, où elle provoque des troubles proportionnels à ses divergences avec la nature de ces rapports.

L'Etat a évidemment le droit et le devoir d'exercer exclusivement les hautes fonctions d'ordre général, et d'intervenir, avec une impartialité bienveillante, surtout avec une stricte équité, dans les œuvres qui engagent l'intérêt général, et où sa collaboration est nécessaire pour compléter l'action d'intérêts privés. Mais, on ne saurait trop insister sur ce point, dans le fourmillement des rapports et transactions que crée le travail sous sa double forme de production et d'échange, qui constitue la vie spontanée de la société; dans ce monde des affaires, où il n'y a en jeu que des intérêts privés, se rencontrant en vue de leur commun avantage et neutralisant leurs oppositions par l'exercice sincère de la liberté, l'ingérence de l'Etat doit être rigoureusement exclue, pour cause d'incompatibilité. Là, son unique droit, ou mieux son imprescriptible devoir, est d'assurer, par une sanction suffisamment efficace, la répression des fraudes et l'exécution des contrats.

C'est surtout aux rapports internationaux, dont l'influence est souvent décisive pour les conditions générales du travail, que l'ingérence abusive de l'Etat inflige des perturbations désastreuses. Comme ce côté de la question est en dehors de notre cadre et qu'il exigerait seul une étude assez développée, je ne l'aborderai pas ici. J'aurai d'ailleurs l'occasion de le faire, dans un mois environ, au Congrès de la *société française pour l'avancement des sciences*, où j'aurai l'honneur, comme ici, d'être présidé par notre bienveillant et sympathique président.

Dans tout ce qui s'est dit hier, vous aurez été frappés comme moi, Messieurs, des difficultés auxquelles se heurte l'application des lois sur le travail. Il y aurait à établir un bilan entre l'argent et les tracasseries qu'elles coûtent et les abus qu'elles parviennent à supprimer : je ne sais trop de quel côté pencherait la balance. Mais la grande défectuosité de ces lois, leur défectuosité intrinsèque, sur laquelle on ne s'est pas assez appesanti, c'est qu'elles enlèvent directement aux familles ouvrières une partie de leurs ressources déjà insuffisantes. Il faut bien se rendre à l'évidence : au milieu des richesses énormes aujourd'hui répandues sur la surface sociale, il y a encore, dans les masses profondes, de nombreuses et lamentables détresses. Et ce qui saisit le plus l'observateur, c'est que les masses ouvrières recueillent, de moins en moins, la part proportionnelle à laquelle elles ont droit dans l'accroissement de la richesse générale qu'elles concourent à produire.

En effet, aujourd'hui que l'homme, par une sorte de seconde création, a presque complètement vaincu, domestiqué les résistances et les grandes forces de la nature, qu'il a ainsi plus que décuplé la puissance et la fécondité de son travail, est-ce que le labeur normal du plus modeste ouvrier ne devrait pas lui assurer, sans anxiétés et sans luttes, pour lui et sa famille, les moyens d'une existence acceptable ?

Il est loin d'en être ainsi ; et pour une bonne part, c'est à la marche, chaque jour plus accentuée, des empiétements de l'État, qu'on peut s'en prendre. A l'élargissement de son rôle correspond naturellement l'accroissement des dépenses publiques, dont une forte part est prélevée par les impôts de consommation, sur le salaire des ouvriers.

N'y a-t-il pas là l'indication d'une marche franchement démocratique, qui rapprocherait des solutions cherchées, absolument introuvables dans une autre direction ?

Que l'État, en réduisant son rôle, réduise d'autant les dépenses publiques, et atténue dans la même mesure les impôts de consommation. Les ouvriers plus à l'aise, plus accessibles à ces salutaires influences de milieu dont on parlait tout à l'heure, se moraliseront, acquerreront davantage l'intelligence de leurs vrais intérêts, et voudront euxmêmes concourir à résoudre ces difficultés qui rendent leur existence pénible, et marquent d'une tache obscure les splendeurs de la société moderne.

Un membre. — Je demande que l'ouvrier ne soit employé que huit heures.

M. LE PRÉSIDENT. — La question que nous discutons est celle-ci : pour améliorer la situation matérielle de l'ouvrier, faut-il faire intervenir l'État ?

M. MARSAUCHE. — Cette question est très importante. Les uns veulent la liberté complète, les autres l'intervention de l'État. Il y a une question plus élevée : c'est le droit à la liberté pour les individus et le droit de l'État de restreindre dans certains cas cette liberté. Si l'on connaissait le point intermédiaire entre le droit individuel et le droit de l'État, le problème serait tout résolu. On ne connaît pas ce point : c'est pour cela qu'on discute.

J'en appelle à l'action de l'État, parce qu'il y a des maux engendrés par la liberté individuelle poussée trop loin. Si cette liberté restait dans de justes limites, je dirais : gardons-la.

Je suis pour l'intervention de l'État dans cette question du travail des adultes. Je crois savoir qu'à Berne, cette question sera très prochainement traitée, quoiqu'elle ne soit pas au programme. J'espère beaucoup des discussions qui auront lieu à Berne.

Si cette législation devait être particulière à chaque État, je m'y opposerais, parce que cette intervention de l'État doit être internationale.

M. Léon Donnat. — Vous demandez la réglementation de la journée de travail par l'État. Vous dites : l'État doit empêcher qu'on nuise au droit individuel. Il s'agit de savoir si l'État nuit à l'individu en n'intervenant pas. Il s'agit de savoir si cette non intervention constitue une oppression ou si son intervention ne constituerait pas une oppression.

M. Villain. — Le Conseil municipal de Paris a décidé que, sur un certain nombre de ses chantiers, on ne travaillerait que dix heures. Cette réglementation est lettre morte. Les ouvriers sont les premiers à réclamer. Ce règlement a été mis en exécution vers le mois d'octobre, à un moment où la journée de travail est inférieure à dix heures. Dès que la durée du jour a permis de travailler plus de dix heures, on a vu les ouvriers solliciter eux-mêmes les patrons, et sur ces chantiers municipaux venir déroger à cette réglementation.

Nous avons d'autres exemples : quels sont les employés de l'État chargés de famille, qui ne font des travaux supplémentaires pour venir en aide à leur famille?

Reste la question de l'intervention internationale des pouvoirs publics. Si l'État vient limiter l'activité de chaque ouvrier, il pourra être victime de sa philanthropie si un autre État ne limite pas cette activité et en profite pour lui faire concurrence. Est-il possible que les gouvernements puissent s'entendre? Les États ne peuvent pas s'entendre en matière de propriété commerciale et industrielle.

Ces questions peuvent être un idéal pour les rêveurs et les utopistes. Sur le terrain matériel des faits, nous ne pouvons que repousser cette proposition qui, si elle était pratiquée, serait un germe de discorde entre les États. — (*Applaudissements.*)

Un membre. — Quand on a eu un grand nombre d'ouvriers dans les mains, on comprend combien il serait difficile d'appliquer cette réglementation à des ouvriers qui donnent des résultats absolument différents. Dans certaines circonstances, pendant que les uns travaillent, les autres se reposent. Qu'est-ce que vous compterez comme durée de travail? Sera-ce la durée de la présence ou le temps pendant lequel ils auront été employés? Il y a des difficultés matérielles qui montrent combien l'intervention de l'État est absolument contraire aux intérêts des industriels et des ouvriers eux-mêmes. Pendant la fabrication des glaces à Saint-Gobain, une partie de la journée, les ouvriers attendent leurs camarades.

En supposant que cette législation soit appliquée loyalement, elle supprimerait toute espèce de concurrence. Je considère cette législation comme contraire à nos lois économiques. Quant à moi, je suis

opposé à l'intervention de l'État d'une part, et à la législation internationale d'autre part.

M. VEYSSIER. —J'ai assisté à beaucoup des Congrès dont parlait mon
camarade Gruhier. Je dois déclarer que j'ai été l'adversaire de l'ingérence de l'État dans la réglementation du travail. Cette réglementation
ne peut être uniforme. Mais on ne doit pas en conclure que l'État doit
absolument se désintéresser des rapports qui doivent exister entre les
patrons et les ouvriers, au point de vue de la durée du travail.

On nous a dit : voici ce qui a été fait, et on a été contre le désir des
ouvriers. Je fais partie de la corporation des peintres, et l'été, les
ouvriers demandent eux-mêmes au patron de faire des heures supplémentaires.

M. Marsauche disait que, tout en laissant la plus grande initiative aux
individus, l'État devait aide et protection à tous. Est-ce que dans certains cas l'État n'est pas intervenu en mettant une entrave à l'exercice
de la liberté individuelle? Est-ce qu'on n'a pas voulu empêcher que
l'individu puisse se faire du mal en lui défendant de boire outre
mesure? Est-ce qu'on n'a pas réglementé la vente des boissons?

L'État lui-même est un groupement de certaines personnes ayant fait
le sacrifice d'une partie de leur liberté individuelle, pour se charger de
défendre la liberté collective. Est-ce que dans le Code il n'y a pas une
foule d'entraves portées à la liberté individuelle? Chaque individu a fait
le sacrifice de sa part de liberté individuelle, pour qu'on puisse limiter
cette liberté jusqu'au point où elle deviendrait oppressive pour la col-
lectivité.

Il y a cependant une certaine limite que l'État devrait fixer. On
devrait laisser une grande liberté aux groupes, aux patrons : c'est ce
qu'on a fait en mars 1884, dans la loi sur les syndicats professionnels.
La réglementation de l'État pourrait se faire d'après une entente intervenue entre les patrons et les ouvriers.

M. LOUVOT. — Si l'État intervenait, sa responsabilité serait très
grande, parce qu'il diminuerait pour chacun le moyen d'arriver au
bien-être.

M. MARSAUCHE. — Avec la liberté dont nous avons joui, croyez-vous
que cette situation se soit améliorée ?

M. LE PRÉSIDENT. — Il s'agit de savoir si cette situation sera améliorée ou non par l'intervention des pouvoirs publics.

M. MARSAUCHE. — Ces choses ont été expérimentées. Il y a des
États qui ont déjà fait des lois de réglementation. En Suisse, où
j'habite, on en est très content, et les Suisses conviennent que si cette

réglementation était appliquée à toutes les nations leur situation serait encore meilleure.

M. Léon DONNAT. — La loi suisse dit 11 heures.

M. MARSAUCHE. — Malgré cette loi, il y a des heures supplémentaires qu'on peut régler avec des inspecteurs. Je ne vois pas les dangers que certains orateurs ont fait ressortir. Je ne vois que les bienfaits d'une loi internationale.

Un membre. — Je suis partisan de la non intervention de l'Etat. On ne pourrait pas empêcher l'horloger, la couturière de travailler dans leur chambre aussi longtemps qu'ils le voudraient. Le boulanger, le forgeron ne pourraient pas le faire. Il y aurait donc des inégalités.

Un membre. — Nous n'admettons pas l'intervention de l'Etat. On nous dit : on pourrait prendre comme point de départ l'accord intervenu entre des groupes d'ouvriers et des groupes de patrons. Mais ces groupes ne représentent qu'une petite partie de la société. Nous n'admettons donc pas non plus qu'on établisse cette réglementation d'après un certain nombre de groupes. Cette réglementation ne serait qu'un moyen détourné de faire intervenir l'Etat pour prendre dans la poche des uns, afin de mettre dans la poche des autres.

M. Léon DONNAT. — Nous avons entendu parler en sens contraires. Il est difficile de s'entendre, puisque le mot de liberté est accepté par les uns comme entraînant une intervention de l'Etat, et par les autres comme n'en entraînant pas. Or, il nous est possible d'avoir des résultats officiels. Vous savez que la ville de Paris a décidé que, dans les travaux qui se rattachent à ses chantiers, on observerait la série des prix.

Il y a une Commission qu'on appelle la commission d'admissibilité des entrepreneurs. Elle publie sur cette question des documents très intéressants, très instructifs. Dans un des derniers je lis ceci : un des conseillers municipaux se plaint de ce que la réduction de la journée de travail n'est pas appliquée avec toute la rigueur réglementaire. Le président, M. Alphand, fait connaître que cette application rencontre de sérieuses difficultés, non seulement de la part des entrepreneurs, mais aussi de la part des ouvriers.

Un autre conseiller municipal fait observer qu'un grand nombre d'étrangers sont employés sur les chantiers. Mais, voici le plus important. Actuellement, les entrepreneurs de maçonnerie font ouvrer leurs pierres en province et les maçons de Paris ne sont plus que des poseurs de pierres. Un conseiller demande donc à la commission d'empêcher les entrepreneurs, qui travailleront sur les chantiers de la ville, d'y introduire des pierres ouvrées.

Un autre conseiller dit : il faut agir de même pour la menuiserie. Un troisième demande la même prohibition pour la serrurerie.

La conséquence est bien nette : on demande à protéger le travail national français contre le travail étranger, le travail parisien contre le travail national.

Il faut mettre une garde aux fortifications, qui empêchera les ouvriers et les produits d'entrer dans Paris.

M. Marsauche disait qu'en Suisse personne ne se plaignait. Je connais l'origine de la loi de 1877, limitant la journée de travail en ce pays. J'ai écrit, sous la dictée d'un membre du Conseil fédéral, l'un des auteurs de cette loi, et il m'a très loyalement expliqué cette origine. La loi de 1877 a été faite à l'instigation des patrons. Ils ont eu l'idée de faire édicter une loi fédérale pour la limitation des heures de travail, parce qu'ils pensaient que cette loi fédérale serait moins oppressive pour eux qu'une loi cantonale, et qu'elle ne pourrait pas varier avec les mouvements d'opinion. Elle a réduit la journée de travail à 11 heures de travail effectif, sans y comprendre les repos. Il n'y a pas de séries de prix. On ne connaît pas en Suisse de minimum de salaires ; la limitation de la journée ne nuit qu'à l'ouvrier.

On fera un congrès à Berne, en septembre, pour la réglementation du travail. On vous a démontré qu'elle n'était pas possible.

Un membre. — M. Donnat vient de vous dire ce qui s'est passé relativement aux décisions prises par le Conseil Municipal. S'il y avait eu en province la même réglementation, les patrons n'auraient pas pu s'adresser ailleurs et il n'y aurait pas eu d'ennuis.

M. LE PRÉSIDENT. — Un membre du Conseil Municipal prendra probablement part à cette discussion cette après-midi. J'ouvrirai la séance à l'heure précise.

La séance est levée à midi.

QUATRIÈME SÉANCE

Mardi 2 juillet 1880

La séance est ouverte à 2 heures, sous la présidence de M. Léon Donnat.

M. LE PRÉSIDENT. — La parole est à M. Bertrand, sur la série de prix établie pour les travaux publics ou privés.

M. BERTRAND. — Au siècle dernier, quand chaque maître ouvrier entreprenait un travail dans son métier, il en fixait lui-même le prix.

Quoi de plus juste ?

Il composait ce prix : de la valeur des marchandises employées, du montant de la main-d'œuvre payée à ses ouvriers ou faite par lui-même ; et, à ces dépenses, il ajoutait ses frais généraux et le bénéfice qu'il voulait réaliser.

Quoi de plus équitable ?

C'est encore aujourd'hui la loi commune à tous les négociants et à tous les industriels, à l'exception toutefois de l'industrie du bâtiment qui est régie, à Paris surtout, d'une façon exceptionnelle, et tenue en tutelle, par suite de la tarification plus ou moins arbitraire de ses travaux.

Pourquoi cette anomalie ?

Nous n'avons pas à critiquer l'introduction des séries de prix dans les marchés entre l'administration publique et ses fournisseurs.

Depuis longtemps ces séries sont en usage ; et, dès le commencement de ce siècle, un sieur Morizot, attaché aux bâtiments civils, publiait un recueil très étendu dans lequel on trouvait une grande quantité de prix à appliquer, soit au règlement des mémoires de travaux, soit aux quantités prévues aux devis préalablement dressés.

C'est sur ces documents consultés que le contrôleur des bâtiments civils, Morel, établit, en 1839, une série, sorte de dictionnaire de prix, qui portait son nom et qui servit, à Paris, jusqu'en 1857, non seulement aux adjudications publiques et au règlement des travaux exécutés pour le compte des administrations, mais encore au règlement des travaux particuliers.

Ce document facultatif servait de base, soit pour l'établissement des devis préalablement à l'exécution des travaux, soit aux conventions à intervenir entre ceux qui voulaient faire bâtir et les entrepreneurs des différents métiers de la construction.

Puis peu à peu la paresse aidant, l'usage s'en généralisa et il devint le guide-âne de la généralité du bâtiment.

L'architecte et le vérificateur y trouvaient des éléments qui leur évitaient de la besogne ; l'entrepreneur, une base pour établir ses conventions avec les clients, soit qu'il fît un rabais, soit qu'il demandât une augmentation sur ces prix, tenant compte du cours des matériaux et de la main-d'œuvre au moment de l'exécution des travaux qu'il était appelé à entreprendre.

Mais l'introduction des séries de prix dans les travaux privés, qui fut l'effet d'un usage mal entendu, créa une situation toute spéciale aux industries de la construction qui, seules dès ce moment, devinrent, de libres qu'elles étaient, soumises et forcées d'accepter des prix fixés *par l'acheteur*.

C'est là une singulière anomalie que nous vous signalons. Au milieu de la liberté des transactions, l'entrepreneur de bâtiment n'a, en quelque sorte, pas le droit de dire, ainsi que le font les commerçants et les autres industriels, ceci vaut tant! Il doit subir la loi spéciale ou plutôt une coutume généralisée seulement aux travaux de la construction, et accepter des conditions que, économiquement parlant, ses adversaires ont faites pour lui être imposées :

Et, chose bizarre, c'est que, si l'entrepreneur de bâtiment, sans conventions préalables avec son client, ne peut pas, par de bonnes raisons données, accepter les prix de la série et qu'il porte sa réclamation devant les tribunaux, toujours, à de très rares exceptions, l'expert commis, trouvant une espèce de garantie morale abritant sa conscience, applique, dans son estimation, les prix qu'il trouve tout faits dans la série, sans s'inquiéter s'ils sont suffisamment rémunérateurs.

En 1857, renonçant à la série Morel qui avait fait son temps, le Préfet de la Seine d'alors, M. Haussmann, fit dresser par les vérificateurs attachés à son administration, une série dite *de la Ville*.

Cet ouvrage était destiné uniquement aux services administratifs ; mais, par son caractère presque officiel, il fut bientôt, tant en France ou même cela, adopté par tous ceux qui dirigeaient, à Paris, les constructions particulières, ou réglaient les travaux.

Il est si commode d'avoir sous la main un travail tout fait, alors surtout que ce travail a un certain cachet d'autorité que lui donne son origine.

A celui qui ne connaît pas à fond les détails infinis des 24 ou 25 métiers du bâtiment, la série vient en aide. Tant pis pour les intéressés si le vérificateur se trompe au point de vue de la désignation exacte de l'objet, car il y a une foule de similaires que le praticien spécialiste, seul, peut connaître.

L'application des prix d'une série au règlement des comptes est une chose bien délicate, bien difficile, étant donné que la même personne est appelée à apprécier et à régler toutes sortes de travaux, depuis la terrasse et la maçonnerie jusqu'à la sculpture, la dorure et souvent même la décoration artistique.

Le domaine de chacune des spécialités de la construction est, en effet, des plus étendus; celui qui l'exerce, cette spécialité, a à apprendre tous les jours de l'ancien, du moderne et du tout nouveau. Et ces choses sont malheureusement souvent étrangères à un grand nombre de ceux qui, avant d'appliquer les prix d'une série quelconque, n'ont fait aucune étude professionnelle.

Aussi l'application des prix de séries, fréquemment mal faite, donne-t-elle lieu à des erreurs très préjudiciables à l'industrie du bâtiment.

On peut objecter que l'entrepreneur, dont les travaux sont mal réglés, a la faculté de formuler des réclamations; mais, c'est là souvent un travail fait en pure perte, l'amour-propre des intéressés étant en jeu.

Cette digression faite, reprenant l'historique des séries de prix de la ville de Paris, nous dirons que celle de 1857 fut suivie annuellement d'éditions revues et corrigées par le bureau chargé de la vérification de mémoires à l'Hôtel-de-Ville, en tenant compte, toutefois, dans une certaine mesure, des observations transmises par les Chambres syndicales patronales, officieusement consultées à ce sujet.

En 1872, à la suite de réclamations parvenues à l'administration par les soins des chambres syndicales, on comprit, pour la première fois, que le constructeur devait être consulté lorsqu'il s'agissait de ses propres intérêts, et le préfet de la Seine proposa au Conseil municipal d'appeler un certain nombre d'entrepreneurs, pris dans chaque métier, à concourir à l'établissement de la série de prix.

Le Directeur des travaux de Paris, de son côté, demanda de faire appel au concours des ouvriers, ce qui, suivant nous, n'était pas nécessaire, puisqu'il ne s'agissait que d'établir ou de réviser des prix de travaux composés, non seulement de la main-d'œuvre, pour laquelle la valeur ne peut être que la résultante de l'entente entre ouvriers et patrons seuls, mais aussi des matériaux rentrant dans la composition des prix pour la plus grande part.

Ces collaborations furent cependant acceptées, et les séries municipales furent revisées dans cet esprit relativement équitable, jusqu'en 1881.

En 1882, les constructeurs ayant été consultés déclarèrent que, suivant eux, les prix en cours devaient être maintenus; mais, par des raisons que nous n'avons pas à apprécier ici, la série fut revisée quand même et en dehors de leur concours.

Sur la réclamation des ouvriers, les prix des salaires furent considérablement augmentés.

Pour arriver à ce phénomène, on avait fait entrer, dans la composition des prix, la main-d'œuvre pour un chiffre plus élevé, et réduit les frais généraux et accessoires dans une proportion inverse, afin de ne pas augmenter le prix des travaux.

Le but que l'on poursuivait était atteint; on donnait satisfaction aux ouvriers, ce qui était une injustice flagrante au détriment de l'entreprise et un grand privilège accordé aux ouvriers du bâtiment, pas plus intéressants que ceux des autres industries.

Au chapitre des prix de base de la série, des valeurs des journées apparaissent comme autant de renseignements utiles propres à composer ce qu'on appelle des *sous-détails*; par conséquent, pour rester dans la vérité proportionnelle, ces valeurs de journées ne sont et ne peuvent être que des moyennes.

On peut s'étonner de voir l'Administration fixer les salaires de l'entreprise; mais on doit être davantage surpris, et, à juste titre, de voir l'ouvrier s'emparer d'un chiffre qui n'est qu'un renseignement, nous le répétons, et réclamer, à l'aide d'un document qui n'est pas fait pour lui, une augmentation de rétribution : cependant, c'est ce qui eut lieu.

Et pourtant, la moindre réflexion sur ce sujet vous amène à constater que le prix élevé des salaires n'a d'autre conséquence que de faire augmenter le prix de toutes les choses nécessaires à la vie, et que c'est fatalement l'ouvrier lui-même qui en subit, le premier, le contre-coup.

On sait quels détestables conflits ont été amenés par l'état de choses ainsi créé. Le Conseil municipal de Paris intervint dans une question qui touche le plus près à la liberté du travail; il considéra que le prix des journées, porté à la série, était l'indication d'un MINIMUM et non pas d'une moyenne, et força les entrepreneurs de la ville à payer leurs ouvriers suivant les prix portés à la série de 1882, non consentis ni acceptés par les patrons.

Nous pourrions nous étendre longuement sur ce grave sujet, mais nous avons pour programme de nous occuper des séries de prix : nous y retournons donc.

Nous savons ce qu'elles sont : une nomenclature des ouvrages, suivie de leur estimation et souvent accompagnée de sous-détails plus ou moins exacts, comprenant : l'achat de la matière, le temps employé à la confection des objets, les accessoires, les frais généraux de l'établissement de fabrication, le bénéfice et l'intérêt pour les avances de fonds.

On voit que, pour établir un seul de ces prix d'une façon juste et équitable, il faut avoir des connaissances très approfondies.

L'Administration de la ville de Paris avait donc grandement raison d'invoquer les lumières de ceux qui pouvaient seuls éclairer ses vérificateurs ; nous entendons parler des chefs de ces métiers dont les détails sont si multipliés que les séries sont toujours incomplètes, parce qu'il est impossible de tout prévoir dans des travaux où rien n'est semblable, attendu que les questions d'emplacement, de résistance, de décoration et mille autres exigences modifient l'objet à tout instant.

La collaboration des représentants des Chambres Syndicales à la série de la ville de Paris n'existe plus ; nous croyons pouvoir affirmer que ce fait a enlevé beaucoup de valeur à cette série.

Ce qui prouverait la vérité de cette assertion, c'est le succès de la *série de la Société centrale des Architectes* qui, apparue depuis quelques années seulement, remplace avantageusement la série officielle de la ville de Paris. Les architectes chargés de la confection de cet ouvrage savent faire la part des réclamations qui leur sont soumises, et si le résultat n'est pas parfait, (il n'est rien de parfait en ce monde) du moins, la *Société centrale* aura-t-elle approché, suivant nous, le plus près de l'exactitude et de l'esprit de justice.

Nous nous arrêterons ici et nous ne signalerons que pour mémoire divers autres ouvrages de ce genre, qui n'ont pas la notoriété des séries dont nous venons de parler. A part, en effet, la série des bâtiments civils, applicable seulement aux travaux ressortissant au Ministère des Beaux-Arts, les publications de ce genre, qui sont du reste en assez grand nombre, ne sont guère en usage, surtout à Paris.

Cependant les Chambres Syndicales de diverses villes de province ont dressé, elles-mêmes, des séries de prix qui sont généralement adoptées par les architectes de ces localités. Les Syndicats de Versailles, Lyon, Rouen, Bordeaux, le Havre. etc., etc,, ont eu, depuis longtemps, cette excellente idée, qui pacifie tout et rend facile l'apurement des comptes des entrepreneurs de bâtiment de leurs régions.

M. LE PRÉSIDENT. — Vous avez entendu l'exposé très complet de M. Bertrand. Quelqu'un désire-t-il prendre la parole?

M. OUDINET. — Les conclusions de M. Bertrand semblent dire qu'il ne faut plus qu'il y ait de tarifs. Ce n'est pas mon avis.

Le gouvernement dit à l'ouvrier : je t'accorderai protection dans une certaine limite, à condition que tu me donneras une partie de ta liberté.

Pour les tarifs, où voulez-vous trouver une base certaine? Nous avons ce qu'on appelle les ficelles du métier. Il y a des métreurs qui peuvent faire des mémoires avec 30 °/₀ de différence. Modifiez les tarifs comme vous voudrez, mais gardez les tarifs, à moins d'avoir des journées maximum; mais vous n'y arriverez jamais.

Chez nous, nous n'avons pas la grève. Nous n'avons pas besoin de la grève pour être augmentés. Nous avons gagné d'abord 3 fr. 50 et nous sommes arrivés à 6 francs.

M. Léon DONNAT. — Ce que vous venez de dire est très intéressant. Permettez-moi de faire observer une chose. Vous avez parlé surtout des avantages des séries de prix comme moyen d'information, mais le sujet traité est celui-ci : la série de prix qui existe doit-elle être imposée dans les travaux publics ou dans les travaux privés? Notre congrès est intitulé : Congrès international de l'intervention des pouvoirs publics dans le contrat de travail.

Or, il ne s'agit pas de supprimer, mais de savoir s'il est utile qu'une série de prix existe pour servir autant aux patrons qu'aux ouvriers. Il s'agit de savoir s'il est utile, nécessaire, désirable que cette série soit imposée par la loi, par des règlements.

M. OUDINET. — Je ne suis pas partisan de l'imposer, mais elle n'est imposée qu'à ceux qui font un contrat avec l'État. Je fais des mémoires chaque jour, mais je suis obligé de demander : est-ce à la Société centrale, est-ce au tarif de 1880, est-ce au tarif de 1882?

On me demande le plus avantageux. Mais cela dépend du travail que vous faites. Il y a à la Société centrale une différence de 6 fr. 50 °/₀ et je dis à mes clients : ne prenez pas la Société centrale. La liberté est préférable à tout cela, mais je crois que l'on ne devrait pas faire disparaître cette série.

M. Donnat. — Votre pensée est que la série est une bonne chose, mais vous ne voudriez pas l'imposer.

Un membre. — Les séries sont nécessaires, mais comment doit-on les faire? Je crois que les Chambres syndicales devraient faire elles-mêmes leurs séries.

La Ville de Paris n'a pas fait de série depuis 1882, et depuis, il y a eu bien des modifications.

Le mode de travail n'est plus le même, mais le mode d'appréciation dans les séries n'a pas changé. Il y a là une anomalie. Chaque Chambre syndicale devrait faire annuellement une série et la déposer au Tribunal de commerce, où elle aurait force de loi. Je crois que ce serait là un remède apporté à la confection des séries. On pourrait modifier aussi le mode de métrer, qui remonte bien loin. On n'a pas le droit d'imposer les séries pour des travaux particuliers.

M. Sauton. — L'utilité de la série paraît reconnue par chacun, mais personne ne veut entraver la liberté. L'État, la Ville, la Société centrale des architectes ont le droit de l'imposer dans les travaux qu'ils font. C'est aux Chambres syndicales à imposer leurs séries dans les travaux particuliers.

Lorsque la Ville de Paris traite avec un entrepreneur, a-t-elle le droit de dire : je traite avec vous à une condition, c'est que les prix qui sont portés à la série, vous les respecterez vis-à-vis de vos ouvriers. Je crois que la Ville de Paris peut aussi bien imposer le prix de la série qu'une durée de travail. Nos employés travaillent de 10 heures à 4 heures et nous les payons pour leurs six heures de travail. Pourquoi n'en serait-il pas de même dans les questions de travaux? On pourrait donner un jour de repos par semaine aux ouvriers, ce qui permettrait d'en employer un plus grand nombre. La Ville de Paris pourrait dire : il y aura un jour de repos par semaine et on ne travaillera qu'un certain nombre d'heures par jour.

L'ouvrier travaille neuf heures, mais il habite loin de son chantier, puis il lui faut le temps de repos, etc., ce qui fait que l'ouvrier reste dehors 13 ou 14 heures et n'a plus donc que dix heures à consacrer à sa famille. Nous devons faire en sorte de laisser l'ouvrier le plus possible dans sa maison, chez lui.

Je dis qu'il est de l'intérêt de la Ville de Paris d'obliger l'entrepreneur à donner à l'ouvrier le prix qui est indiqué par la série. Nous disons à l'entrepreneur : faites porter votre rabais où vous voulez, mais pas sur la journée de l'ouvrier. C'est une Convention que nous faisons, nous, Ville, avec les entrepreneurs et nous ne portons atteinte à la liberté de personne. Nous voulons que nos ouvriers soient payés à ce taux-là. On a constaté qu'il fallait un nombre d'heures déterminé pour arriver à faire le travail. Ce nombre d'heures, c'est le travail moyen. On a dit : Un ouvrier mettra trois heures en moyenne pour faire ce travail. Et c'est ainsi qu'on établit une série de prix.

Mais ces prix doivent différer suivant la capacité professionnelle de l'ouvrier, parce qu'on ne peut admettre que le garçon maçon ait le même prix que le limousinant.

Quand nous disons journée uniforme, nous disons journée uniforme dans la même spécialité.

Il y a même là une sorte de surveillance. On est venu nous révéler des fraudes considérables, parce que l'entrepreneur ne tenait pas ses engagements. La Ville de Paris a donc intérêt à donner à l'ouvrier ce qui lui revient. Pourquoi la Ville de Paris irait-elle faire des économies? (*Bruits divers.*)

M. SAUTON. — Je dis que nous défendons l'intérêt des contribuables. Si nous n'avions pas leur confiance, ils ne nous renommeraient pas.

Quand on veut des travaux bien faits, il faut les payer. Nous disons souvent aux entrepreneurs : demandez-nous une augmentation si vous voulez, mais faites-nous un bon travail. Le jour où on a voté cela, les rabais ont été en augmentant, malgré cette clause introduite dans le contrat.

Il y a deux manières de traiter avec l'ouvrier. L'entrepreneur, en vertu de nos conventions, a le droit de traiter avec l'ouvrier suivant le travail produit, c'est-à-dire que l'ouvrier qui produira plus qu'un autre, par suite de sa capacité professionnelle, gagnera davantage. La Ville dit à l'entrepreneur : Vous avez le droit de le payer à la journée, mais vous avez le droit aussi de le payer à la tâche. Par conséquent, il n'y a aucune atteinte à la liberté individuelle.

M. VILLAIN. — Je ne voudrais pas répondre point par point au volumineux exposé de M. Sauton, ni croire que les théories singulières émises au Conseil municipal par un certain nombre de nos représentants parisiens soient bonnes, soient justes, parce qu'elles auront la sanction des électeurs. Il ne faut pas confondre électeurs et contribuables. Les contribuables sont ceux qui paient et les électeurs ceux qui nomment. Tous les électeurs ne sont pas contribuables. Je laisse de côté cette question d'ordre électoral.

Je ne pouvais concevoir qu'une Commission, composée de l'administration, des pouvoirs élus, des chambres syndicales, puisse, dans un rapport de 1024 pages, établir le salaire des ouvriers, la valeur des pièces d'une série, le temps mis à faire tel travail, etc., en somme la réglementation la plus précise et la plus absolue de toutes les manifestations de l'activité humaine. Sur ce point, les déclarations de M. Sauton ont été tellement nettes que je ne m'attarderai pas à reconnaître à ce document des qualités qu'il n'a pas.

L'argumentation de M. Sauton est celle-ci : Nous sommes libres, nous, mandataires des Parisiens, d'établir, avec les entrepreneurs qui travaillent pour nous, les conventions qui nous plairont. De même, tout particulier est libre de faire un cahier des charges avec son entrepreneur.

Il y a des lois très nettes, des lois générales, qui limitent les conventions des particuliers et qui rendent justiciables des tribunaux certaines conventions. Le tribunal jugera d'après ce qui est réellement juste et équitable. Or, ce qui est équitable, c'est le service rendu, le paiement logique d'une marchandise, qu'elle soit matérielle ou de travail humain.

Nous avons reçu dernièrement des documents émanant d'une Chambre syndicale ouvrière des départements. La personne qui nous écrivait disait qu'à son avis on doit fixer un minimum de salaire de 4 fr. 50. Pourquoi? Qu'est-ce que représente ce chiffre de 4 fr. 50?

Les faits montrent que les exigences personnelles des familles ouvrières dépendent essentiellement des charges de ces familles ouvrières. Les célibataires ont moins de charges. Allez-vous faire une différence et arriver, dans votre règlement plus ou moins providentiel, à connaître l'état civil de ceux que vous emploierez, sous le prétexte d'arriver à l'égalité, à la justice?

On a dit tout à l'heure que le contrôle des travaux pourrait se faire par suite des dénonciations de l'ouvrier, qui contrôlerait le travail des entrepreneurs. Je ne crois pas que ce soit élever la dignité sociale de l'ouvrier que d'en faire un espion. Le contrôle doit se faire par des agents des pouvoirs publics, par des agents des pouvoirs élus, sans aller chercher dans les ouvriers des auxiliaires qui se prêteraient difficilement à ce rôle.

On trouverait peut-être des espions à l'heure actuelle, parce que nous sommes dans une période troublée. Mais, si on allait demander à l'ouvrier de se faire l'espion de son patron, la dignité professionnelle de cet ouvrier serait abaissée.

M. Raffalovich. — Nous devons remercier M. Villain des paroles qu'il vient de prononcer. La théorie de M. Sauton est une théorie absolument inacceptable. Je me joins donc complètement à ce que M. Villain a dit.

M. Croissant. — Je veux répondre à quelques idées exprimées par M. Sauton. Si vous limitez le travail, comment voulez-vous que certains ouvriers arrivent à équilibrer leur budget à la fin du mois, s'ils ne peuvent pas faire douze heures, alors qu'il leur serait utile de faire douze heures.

Dans la période de 1879 à 1883, le prix payé aux ouvriers était supérieur au prix de la série. Pendant les travaux de l'Exposition, j'ai vu des ouvriers qu'on payait 14 francs alors que la série ne les portait qu'à 8 francs.

Je crois qu'en se lançant dans la voie de la protection, on est souvent illogique. Si la journée est fixée à 7 francs et que l'ouvrier ne travaille pas, il aimera mieux travailler à 6 francs que de ne pas travailler du tout.

Il n'y a pas assez d'institutions de prévoyance. Il faudrait en créer. Cela devrait être le rôle des Chambres syndicales. Depuis trente ans que je suis dans le bâtiment, j'ai vu des ouvriers gagner 15 francs par jour et j'ai remarqué que celui qui avait le salaire le moins élevé était celui qui économisait.

Un membre. — M. Sauton a dit : est-il possible d'organiser un système de protection des ouvriers à l'occasion de l'application de la série? Deux orateurs ont répondu au point de vue économique. Je voudrais prendre la question au point de vue juridique, c'est-à-dire au point de vue du droit politique, au point de vue municipal. Plusieurs membres de notre Conseil municipal ne comprennent pas la nature de leur mandat. Vous venez d'entendre cette thèse étrange développée tout à l'heure que : quels que soient les actes du Conseil municipal, il suffisait qu'ils soient réélus pour que ces actes soient bons. C'est cette erreur que je voudrais pouvoir arracher de l'esprit de M. Sauton. Vous avez pour mandat, Messieurs les conseillers municipaux, de gérer en bons pères de famille, non pas en pères de famille des ouvriers et des contribuables, mais de la ville de Paris.

Lorsque vous, gérant, vous mandataire, vous avez à faire un traité, votre préoccupation doit être celle de tout gérant, de toute personne qui a mandat de traiter à meilleur marché, de traiter dans les meilleures conditions, en ménageant les deniers des contribuables. Je crois que vous ne le faites pas. Vous saisissez l'occasion qui vous est offerte de favoriser certaines personnes. Vous pouvez, au point de vue de l'instruction, de l'assistance et de l'hygiène faire tout ce qui sera utile pour la population ouvrière, mais lorsque vous serez en face d'un contrat, vous ne devez vous en occuper que pour faire ce contrat dans les meilleures conditions possibles, au point de vue de l'argent des contribuables. Si vous agissez autrement, ce n'est pas autre chose que la trahison du mandat que vous avez reçu.

M. CARRET. — Au nom de l'économie politique, on condamne ce qu'a dit M. Sauton, mais il y a plusieurs économies politiques. M. Bertrand disait tout à l'heure que l'élévation des salaires fait l'élévation du prix des autres choses. C'est une exagération. On disait aussi qu'il ne fallait pas confondre les contribuables avec les électeurs. Je voudrais bien savoir comment on peut être électeur à Paris sans être contribuable.

Messieurs, le grief principal, c'est que la ville de Paris tend à faire augmenter les salaires. Je crois qu'il n'y a qu'un moyen d'arriver à l'état social désirable; c'est de hausser le niveau intellectuel des ouvriers. Comment le haussera-t-on ?

Je conclus en disant qu'il y a une économie politique qui ne condamne pas les doctrines de M. Sauton.

M. SAUTON. — Si j'avais pu vous montrer des extraits de vos journaux, Messieurs les entrepreneurs, je vous aurais fait voir qu'à un certain moment vous avez demandé vous-mêmes à être protégés.

Il faut arriver à ce que les travaux soient bien exécutés et nous y arriverons en faisant que l'ouvrier reçoive des salaires rémunérateurs. Mais quand l'ouvrier n'est pas payé le prix de la série, nous le savons toujours, puisqu'il se plaint.

Un membre. — Il y a un danger qui n'a pas été signalé: c'est qu'en rédigeant la série comme l'a fait le Conseil municipal il encourage la grève, comme pour les terrassiers, par exemple, qui se sont mis en grève pour réclamer le prix de la série.

Le Conseil municipal arrive à créer une masse d'ouvriers privilégiés qui font de courtes journées, et qui sont payés avec de l'argent qu'on prend dans la poche de ceux qui font 12 et 13 heures.

M. VILLAIN. — Il n'y a pas deux économies politiques. Il y a celle de ceux qui observent, et à côté de celle-là, celle des utopistes qui croient que des systèmes peuvent résoudre tout le programme *a priori*, sans savoir si, dans la pratique, ils peuvent être appliqués. Notre contradicteur dit que les ouvriers qui ont les salaires les plus élevés sont ceux qui donnent le meilleur travail. Mais dans le bâtiment, par exemple, les ouvriers les mieux payés sont les plus enclins à la débauche.

Pendant l'Exposition il y a eu abondance de travail et pénurie de main-d'œuvre ; il y a eu surélévation de salaires très considérable, qui s'est traduite par une augmentation très sensible des frais des entrepreneurs. Je demanderai à M. Sauton si, en cas de hausse de salaires, la ville de Paris viendra rémunérer les entrepreneurs de cette augmentation de salaires qui leur incombe.

M. Léon Donnat. — J'ai dit ce matin quelques mots que je répéterai ce soir, parce que plusieurs membres étaient absents.

On me dit que la réglementation est applicable aux ouvriers qui travaillent dans les ateliers. Voilà, Messieurs, la maison Cail qui tourne une pièce pour la compagnie d'Orléans, elle en tourne également une pour la ville de Paris. Il faudra donc une comptabilité différente pour savoir que tel ouvrier aura travaillé 1 heures 3/4 pour la ville de Paris, au prix de la série, et le reste du temps à un prix différent, pour un entrepreneur quelconque ?

Croyez-vous que cela sera facile à surveiller et à établir, et que ce sera agréable pour les camarades qui travailleront à côté d'eux ?

M. le Président. — La parole est à M. Villain, sur le rôle des conseils de prud'hommes ou tribunaux analogues dans le règlement des salaires, bureaux de placement avec ou sans monopole, bourses de travail.

M. Villain. — On a pensé qu'en matière de salaires, des délégués, des ouvriers et des patrons qui connaissent exactement les modes différents de travailler, étaient plus aptes que les juges de paix, par exemple, à évaluer les dommages causés à l'une des deux parties par la non exécution des engagements pris.

Mais, depuis quelques années, les conseillers prud'hommes semblent avoir des attributions spéciales, qui consistent à en faire les exécuteurs des délibérations socialistes prises dans les grands Congrès. De là des conflits qui ont eu lieu tout d'abord au conseil des prud'hommes de Paris. Je crois que l'exposé de la question suffit, car on se trouve en présence de questions d'espèces et de questions de doctrines.

Un membre. — Nous regrettons que certains conseils de prud'hommes acceptent le mandat impératif, et ne remplissent pas leurs fonctions comme ils devraient le faire.

M. Donnat. — Connaissez-vous la formule de ces mandats impératifs ?

Plusieurs voix. — Elle consiste à donner toujours raison aux ouvriers.

M. Villain. — Il faut savoir si les conseils des prud'hommes doivent se servir, comme sanction du jugement qu'ils rendent, des séries de prix officiels ou officieux établis par la ville. C'est la question la plus importante.

Un membre. — C'est aux prud'hommes à voir quelles séries ils veulent appliquer. Les prud'hommes de Paris veulent appliquer la série des prix de la ville de Paris, même pour des travaux particuliers.

M. BERTRAND. — C'est évident, puisque cette série a été faite par eux et leur donne satisfaction.

Un membre. — Autrefois, après avoir demandé aux patrons et aux ouvriers le prix de tel travail, on portait ce prix à la série. Quand le conseil accordait 5 francs à un ouvrier, c'est parce que ce prix y était porté. Ce n'est plus la même chose depuis que le Conseil a porté à la série un prix supérieur.

M. VILLAIN. — Il serait nécessaire, à un moment donné, que ces véritables principes qui sont d'ordre judiciaire puissent être portés à la connaissance des conseils de prud'hommes.

Un membre. — Autrefois, en effet, le prix débattu entre le patron et son ouvrier était porté à la série. En cas de conflit, on se rapportait à cette série. Depuis 1880, les entrepreneurs n'ont plus accepté les prix portés à la série. Les ouvriers réclamèrent. L'administration, fort embarrassée, entre la demande des ouvriers et le refus des patrons, ne crut devoir mieux faire que de couper la poire en deux, et on donna 5 centimes d'augmentation, qui ne furent pas acceptés par tous les patrons.

S'il y avait entente entre les patrons et les ouvriers, on éviterait bien des conflits, on élèverait le niveau moral des conseils de prud'hommes, qui tend à se dégrader par le mandat impératif qu'on impose aux ouvriers.

M. LOUVOT. — Je me suis toujours fort bien trouvé des prud'hommes soit ouvriers, soit patrons, lorsque j'ai eu affaire à eux.

Un député. — Les conseils de prud'hommes rendront de plus grands services encore. La Chambre cherche à en étendre l'importance et le nombre. Vous dites qu'ils ont signé leur démission en blanc et qu'ils ont promis d'acquitter toujours les ouvriers.

M. BERTRAND. — Les faits sont là.

Le même membre. — Mais nous savons aussi que dans beaucoup de conseils les patrons condamnaient toujours les ouvriers.

M. CALS. — A Albi, sur 100 affaires, il y a toujours 99 conciliations. Cette institution rend de grands services.

M. VILLAIN. — Nous ne méconnaissons pas les immenses services des conseils de prud'hommes, qui fonctionnent depuis 80 ans au moins. Mais je m'étonne que la Commission parlementaire, chargée d'étudier cette question, ignore qu'il y a à Paris un comité de vigilance. Le bulletin municipal des chambres syndicales ouvrières contient les procès-verbaux de la Commission exécutive, chargée de surveiller les faits et gestes des conseils ouvriers. On y voit l'exclusion absolue, de toute espèce de chantiers, de ceux qui n'ont pas déféré aux injonctions des conseils de prud'hommes.

M. CARRET. — La Commission ne peut pas être renseignée sur ces petits faits.

M. VILLAIN. — Comment! petits faits, mais cela est assez connu. La Commission pourrait se renseigner auprès du tribunal de commerce.

Les conseils de prud'hommes doivent être des tribunaux de bons pères de famille. Puisque l'intervention de la loi est réclamée à chaque instant en faveur d'intérêts plus ou moins généraux, je crois que nous pourrons demander l'intervention de la justice.

La séance est levée à 5 heures 10.

CINQUIÈME SÉANCE

Mercredi 3 juillet 1889

M. Léon Donnat. — M. Villain va continuer son exposé sur les bureaux de placement avec ou sans monopole, et sur les bourses de travail.

M. Villain. — Depuis la suppression des livrets d'ouvriers, il n'y a plus en cette sorte de garantie plus ou moins illusoire, mais qui pouvait exister lorsque l'ouvrier avait son livret bien garni et lui servir pour trouver facilement preneur.

Le Conseil municipal de Paris a décidé de constituer la Bourse de travail, se disant que le travail était un commerce comme un autre et qu'il devait avoir une bourse d'un genre tout spécial.

Mais à côté de cette bourse, certaines associations, certains fonctionnaires, les maires et les adjoints des mairies de Paris, établirent des bureaux gratuits pour le placement des ouvriers, en ayant un double registre de demandes et d'offres d'emploi. Ce système fonctionne très bien. Il y en a même d'autres, mais nous ne pouvons pas vous dresser ici le bilan des efforts faits par l'initiative privée en vue de rendre plus facile le placement des ouvriers sans travail.

La Bourse de travail n'est pas à proprement parler une organisation administrative. L'administration préfectorale, sollicitée par le Conseil municipal, a dit que c'était s'engager dans une série de difficultés considérables et qu'elle ne s'immiscerait en aucune façon dans la Bourse de travail.

Il est inutile de vous rappeler les nombreux conflits qui se sont produits. Ils ont modifié complètement le caractère de la Bourse du travail. On en est arrivé à des grèves malheureuses jetant une perturbation très grande dans Paris, et dont celle des terrassiers a été l'une des plus importantes. — Voilà les résultats obtenus.

Puis Saint-Etienne, Marseille, ont voulu avoir leur bourse de travail en s'engageant très fortement dans cette voie interventionniste.

Y a-t-il avantage pour l'ouvrier ? Y a-t-il garantie pour le patron ?

Dans les bureaux de placement libres, le placeur tient à satisfaire sa clientèle et cherche, suivant le proverbe anglais, à choisir le meilleur homme qui doit se trouver dans la meilleure place. Il choisit dans la colonne des ouvriers disponibles celui qui peut le mieux convenir au patron. On ne pourra pas faire cela à la Bourse du travail parce que tout le monde sera jaloux et criera au privilège. On en est réduit à prendre des listes toutes faites. On donne le premier ouvrier inscrit au premier patron inscrit. C'est ainsi qu'on enverra dans un café un garçon parlant l'anglais alors qu'on voulait un garçon parlant l'espagnol. Ce fonctionnement lamentable ne donne que de faibles résultats. Les patrons et les ouvriers ne regardent donc pas comme sérieux ce système d'intervention.

M. GRUMIER. — Au moment de la discussion de la Bourse de travail, je disais dans mon rapport, approuvé par ma chambre syndicale, que je considérais une agglomération dans le même endroit comme pouvant servir de champ de discussion aux socialistes des diverses écoles et aux politiciens. Je concluais en disant qu'on devait créer une Bourse de travail par arrondissement. Je ne comprends pas une Bourse de travail dans l'intérieur de Paris. Je connais quantité de chambres syndicales à qui cela n'a jamais pu servir.

A la Bourse de travail, lorsque certains groupes ne faisaient pas de politique, ils étaient occupés de chercher un moyen pour rançonner les municipalités.

M. LOUVOT. — J'appuie les conclusions de M. Villain. Mais je demande la permission de dire quelques mots d'un projet de Bourse de travail exposé à la Ligue des consommateurs et des contribuables par M. Molinari. Si, par exemple, il y a des travaux considérables dans le Midi, et que Paris ait des ouvriers inoccupés, il faudrait avoir un lieu d'informations indiquant qu'il y a du travail dans telle localité et des ouvriers disponibles dans telle autre localité.

Si l'on voulait se servir de la Bourse de travail dans ce sens, elle pourrait rendre de grands services.

M. VILLAIN. — L'intervention des municipalités est inefficace en ce qui concerne le placement des ouvriers. Il est préférable que les chambres syndicales patronales et ouvrières s'entendent, pour organiser un service de placements plus ou moins gratuit. Quelques chambres syndicales font cela. Au point de vue pratique, je ne vois pas autre chose.

Un membre. — Il y a quatre ans, notre chambre syndicale a ouvert un livre pour les demandes et les offres d'emploi. Une affiche a été posée dans les ateliers parisiens. Les patrons sont venus en nombre prendre nos ouvriers, mais la chambre syndicale ouvrière, saisie officiellement par nous de cette disposition, n'a pas même cru devoir répondre à l'avis favorable que nous lui demandions.

M. GRUHER. — A l'Union des chambres syndicales ouvrières, nous avons pensé, en étudiant cette question, qu'il y avait de la part des placeurs une propriété acquise. Ces bureaux de placement existent depuis longtemps et nous nous sommes dit : peut-on légalement fermer des bureaux payés par les placeurs ? Peut-on empêcher les ouvriers d'aller dans ces bureaux ? Le meilleur moyen, pour les en empêcher, serait de créer une concurrence légalement établie. Mais faut-il faire cette concurrence seulement entre les syndicats ouvriers si les patrons ne veulent pas venir chez nous.

J'ai créé le premier bureau de placement dans ma chambre syndicale. Une circulaire a été envoyée aux patrons leur donnant toute garantie. On inscrivait les ouvriers, avec leur capacité professionnelle, et on ne devait les envoyer dans les maisons que lorsqu'ils remplissaient les conditions exigées.

Les patrons sont venus, mais cela ne s'est pas fait dans toutes les chambres syndicales.

M. Waldeck-Rousseau s'était préoccupé de la question des bureaux de placement, mais il avait été arrêté par ceci : par quoi va-t-on remplacer ce qu'on va détruire ?

A l'heure actuelle, les patrons discutent d'une part et les ouvriers d'une autre part. Dans un congrès où tout le monde viendrait, économistes, patrons, ouvriers, on finirait par s'entendre. Je dois vous dire qu'il est bien difficile de se prononcer dans une matière aussi délicate, mais je crois qu'on pourrait encore une fois donner raison aux économistes qui demandent le maintien des bureaux de placement.

M. Léon BOURGEOIS. — Quand ces Messieurs sont venus au ministère de l'intérieur, l'année dernière, ils nous ont demandé de déposer à la Chambre un projet de loi sur cette question. Nous n'avons rien fait parce que nous n'avons rien pu faire. Quand les ouvriers sont venus nous exposer les abus très certains qui existent dans un certain nombre de bureaux de placement, nous avons fait une enquête et j'ai même reconnu qu'ils avaient raison. J'ai même forcé un placeur à vendre. Je ne pouvais pas l'exproprier, mais je l'ai mis à même de vendre dans un délai très court.

En dehors du tarif, un certain nombre de placeurs ne placent que les ouvriers qui leur donnent une sorte de pourboire complémentaire. C'est un fait très certain et très malheureux. Il y a beaucoup d'ouvriers honnêtes qui n'ont pas le moyen de donner une taxe supplémentaire. Il y a donc là des abus très graves.

Je crois qu'il faut être extrêmement rigoureux. C'est une industrie qui peut être dangereuse, qui peut fausser complètement les conditions du contrat de travail. Les abus doivent être punis.

On a fait deux propositions : suppression pure et simple des bureaux de placement. Il faut laisser chacun libre de placer comme bon lui semble. C'est un contrat comme un autre. Voilà deux individus qui ont besoin, l'un d'un ouvrier et l'autre d'un patron : c'est le système de la liberté. Il n'y aurait même pas besoin de réglementer les bureaux de placement.

Le second système, c'est celui qui a été soutenu à plusieurs reprises dans les chambres syndicales ouvrières, et qui consiste à donner aux chambres syndicales seules le droit de placer. Ce système aboutit à un monopole. A-t-on le droit d'établir ce monopole? A-t-on le droit de dire que les citoyens ne seront placés que par l'intermédiaire de certaines personnes désignées? Dans une chambre syndicale, il y a des opinions diverses et ceux qui viennent nous demander aujourd'hui quelque chose peuvent être en minorité demain.

La demande de monopole est contraire au principe du droit moderne démocratique, républicain. Il ne faut pas s'opposer à laisser ouvrir dans les mairies des registres gratuits des placement. Mais je ne veux pas pour les municipalités ce monopole de placements. Je puis, moi, citoyen français, ne pas vouloir m'adresser aux municipalités. Et d'ailleurs, de quel droit les municipalités interdiraient-elles aux autres citoyens de faire un métier légitime, s'il est rempli sérieusement?

Si nous avions été forcés de nous prononcer sur ce point là, nous aurions plutôt conclu à la liberté qu'à tout autre système.

M. Donnat. — Je vais citer des résultats. J'ai fait des efforts inouïs, depuis dix-huit mois, pour avoir la statistique des placements faits à la Bourse du travail. J'ai réussi à faire exiger des différents bureaux installés dans la Bourse la production de ces documents. Dans quelques bureaux, il n'y a pas eu de résultats fournis, ou tout au moins des résultats fantaisistes. Le rapporteur au Conseil municipal a donné des chiffres qui sont au-dessus de la vérité. Il a dit que, dans le mois de février 1888, la bourse du travail avait placé 1.000 ouvriers. Sur ces 1.000 ouvriers, il y avait au moins 200 servantes qui ne sont pas des ouvrières. Parmi ces chambres syndicales, il y avait celle de la boucherie, où l'harmonie est parfaite entre patrons et ouvriers, et qui a fait placer plus de 300 ouvriers dans ce mois.

Vous voyez quel est le chiffre qui reste pour les ouvriers placés par la Bourse du travail. Vous voyez ce que donne cette organisation si coûteuse qui est cause des difficultés que vous connaissez bien.

Je n'ai jamais vu, dans le bulletin de la Bourse du travail, aucune indication relative au placement des ouvriers. Par exemple, la lutte entre les différentes classes occupe tout le journal. Je suis rapporteur, au Conseil municipal, des bureaux créés dans les mairies et qui demandent à être encouragés. L'institution fera boule de neige, et bientôt chaque mairie aura son bureau de placement.

M. Bompard a la parole, en remplacement de M. Saint-Martin, sur l'intervention des pouvoirs publics dans les conflits entre les patrons et les ouvriers, et sur subventions accordées aux grévistes par les municipalités.

M. BOMPARD. — Messieurs, l'absence de mon excellent collègue et ami Saint-Martin me procure le redoutable honneur d'introduire la question qui est aujourd'hui soumise à vos délibérations.

Je me bornerai à un court exposé, laissant à des orateurs plus autorisés le soin de traiter le sujet avec toute l'ampleur qu'il mérite.

Depuis longtemps d'ailleurs, les principes qui dominent la matière sont déterminés.

La liberté du travail veut que l'ouvrier et le patron puissent débattre et conclure le contrat de travail.

La liberté de coalition exige que, pour améliorer leur sort, les ouvriers soient maîtres de cesser leur travail, les patrons de fermer leurs usines.

Quel est le devoir de l'État, des pouvoirs publics en présence de ces conflits douloureux dont les conséquences sont souvent funestes aux deux parties ?

Longtemps on a cru qu'il avait le devoir d'intervenir pour empêcher les coalitions.

Par suite d'une funeste confusion entre la corporation obligatoire et la coalition librement formée, l'Assemblée constituante, par les lois du 17 juin 1791 et du 28 septembre de la même année défendit, sous les peines les plus sévères, aux citoyens attachés aux mêmes professions, arts et métiers, de faire entre eux des conventions tendant à refuser de concert, ou à n'accorder qu'à un prix déterminé le secours de leur industrie ou de leurs travaux. La loi du 22 germinal an XI, les art. 414 et 415 du Code pénal, la loi du 27 novembre 1849 ont maintenu cette prohibition en l'étendant aux patrons.

Les lois de 1864 et de 1884 ont établi en France la liberté de coalition, et votre Congrès approuvera certainement cette réforme.

Un ouvrier a, en effet, certainement le droit de ne travailler qu'à certaines conditions. Comment imaginer que l'exercice de ce droit devienne un délit si plusieurs ouvriers prennent simultanément la même résolution?

Vainement dirait-on que les coalitions entraînent en général des troubles à l'ordre public. Les grèves les plus efficaces n'ont pas toujours été les plus bruyantes et les plus tumultueuses. Voici en quels termes le Journal des Trades-Unions d'Écosse traçait le plan de campagne d'une grève qui éclata en 1834, et dont les conséquences furent terribles pour les patrons : « Il n'y aura point d'insurrection, mais simplement une résistance passive. Les hommes peuvent se reposer : il n'est point, il ne saurait y avoir de loi qui les oblige à travailler contre leur gré. Ils peuvent se promener, les bras croisés, par les rues et par les champs; ils ne porteront ni épées, ni fusils; ils ne réuniront aucun parc d'artillerie et ne s'empareront d'aucune place forte. Ils ne se présenteront point en colonne pour être attaqués par une armée, ni en attroupement pour être dispersés par la force en vertu de l'acte de rébellion. Ils s'abstiendront simplement, quand le fonds commun sera suffisant, de travailler pendant une semaine ou un mois dans les trois royaumes. »

Voilà la coalition proprement dite, sans mélange aucun de violences préméditées. Qui oserait la déclarer illicite?

L'exemple des législations étrangères est d'ailleurs favorable à cette théorie. Le § 152 du Code industriel allemand proclame la liberté des coalitions ; de même, en Angleterre, par suite des lois libérales de 1871 et 1876, en Belgique (loi du 31 mai 1866), aux États-Unis.

Mais presque toutes les législations créent en même temps des délits spéciaux, ou établissent des peines plus élevées pour certains faits qui accompagnent souvent les grèves. La loi anglaise de 1876, art. 7, définit minutieusement les délits : elle prévoit les violences, les menaces, le fait de cacher les outils ou les vêtements des dissidents, de les suivre avec persistance de place en place, de surveiller les maisons où ils travaillent. Si des piquets de grévistes, relevés d'heure en heure, forment une haie sur le chemin que les dissidents doivent suivre pour aller à leur travail, même en l'absence de toute violence, il y a délit de *picketing*. De même, le § 153 du Code industriel allemand punit les actes tendant à porter atteinte à la liberté d'autrui. Les lois américaines, la loi belge de 1866 ont des prescriptions analogues.

Vous examinerez, Messieurs, si ces textes sont justifiés. Peut-être penserez-vous que le droit commun suffit à punir les actes délictueux qui peuvent être commis en temps de grève, et qu'il y a injustice à priver les ouvriers coalisés de l'usage de certains moyens purement moraux, sur lesquels ils sont en droit de compter pour le succès de leur grève. « Je crois, disait M. Jules Simon dans la discussion de la loi de 1864, que toutes les fois qu'au lieu de montrer le délit dans sa nature, au lieu de faire une loi pour la généralité des citoyens, on la fait pour une classe spéciale et pour un délit spécial, on est porté à exagérer la pénalité. »

La liberté des coalitions étant reconnue, le rôle de l'État se borne à protéger la liberté individuelle, à faire en sorte que nul ne soit obligé de travailler ou de chômer contre sa volonté; à ne prendre aucune mesure qui puisse être interprétée comme un encouragement aux prétentions de l'une des parties; à ne pas donner un tel caractère aux envois de troupes, par exemple.

Parfois aussi, les représentants de l'autorité publique pourront, à la requête des deux belligérants, s'efforcer de les rapprocher, de les concilier, de dissiper les malentendus, d'apaiser les haines.

Mais, en dehors de cette action purement morale, nous ne croyons pas que les autorités puissent intervenir dans la lutte, en encourageant matériellement l'une des deux parties. Nous ne croyons pas, notamment, que les Conseils municipaux puissent voter des fonds en faveur des grévistes, comme le Conseil municipal de Paris l'a fait à plusieurs reprises.

L'histoire de ces votes est assez curieuse à suivre.

En 1884, deux membres du Conseil municipal de Paris déposèrent une proposition tendant à accorder dix mille francs aux familles des mineurs d'Anzin.

Sous cette forme, la proposition semblait inspirée par des sentiments d'humanité et de bienfaisance. Mais les motifs réels qui avaient dicté cette motion à ses auteurs se révélèrent dans leurs discours. — « Le droit des travailleurs ne fait pas doute, disaient-ils; le Conseil d'administration des mines d'Anzin fomente la grève dans un but politique. Devant cette manifestation l'État ne fait pas son devoir, le Conseil doit le suppléer. »

Vainement faisait-on observer qu'on allait intervenir dans un contrat privé : « Je déclare, disait l'un des auteurs de la motion, que si l'on venait faire au Conseil une proposition pour lui demander d'intervenir, au profit des patrons ou des ouvriers, dans une grève où l'État ne pèserait pas au profit de l'une des parties contractantes et, par conséquent, au détriment de l'autre, où les conditions de lutte entre les deux parties seraient égales, je déclare que je monterais à la tribune pour combattre cette proposition. Mais ici l'État a constitué un monopole au profit de certains privilégiés, etc. » Et cependant, quelques années après, la même Assemblée votait des subsides aux tisserands de Cholet, aux verriers de la Seine et de Seine-et-Oise, aux terrassiers de Paris. Où est ici le monopole d'État?

La proposition fut énergiquement combattue par le rapporteur de la Commission au nom des intérêts financiers de la Ville de Paris — par M. Yves Guyot au nom des principes de liberté. Ce dernier critiqua vivement cette proposition d'*intervention honteuse*, caractérisée par un secours *piteux* de 10.000 francs. La proposition fut repoussée par 35 voix contre 20.

Mais elle fut reprise avec plus de succès en 1886 à propos de la grève de Decazeville. Une délibération fut votée portant « qu'une somme de 10,000 francs était mise à la disposition du maire de Decazeville pour soulager les misères des habitants de sa commune, victimes de la cessation du travail des mines ».

Cette délibération est, Messieurs, la délibération type en cette matière. Comme elle a été exécutée par le préfet de la Seine (qui envoya les dix mille francs au maire, en tant que président du bureau de bienfaisance), elle devint la formule dont on se servit chaque fois qu'on voulut faire voter des subsides en faveur des grévistes. Parfois on ne recourt à cette voie détournée qu'après avoir vainement essayé d'envoyer une véritable subvention aux ouvriers qui ont interrompu leur travail. Parfois on la présente dès le début, mettant ainsi dans l'embarras bon nombre de conseillers qui, désireux de respecter la liberté du travail, ne veulent cependant pas se dérober à un acte de solidarité envers les victimes indirectes de la cessation du travail.

Telle est, Messieurs, la situation de fait que vous avez à examiner. Permettez-moi cependant encore quelques réflexions.

Et d'abord, Messieurs, chaque fois qu'une proposition de cette nature est portée à la tribune, le chiffre du crédit proposé est toujours le même : dix mille francs. Pourquoi ce chiffre invariable, quand il s'agit d'un *secours* qui devrait être calculé d'après les souffrances endurées et le nombre des grévistes, d'un *subside*, qui devrait être évalué d'après la résistance probable de l'adversaire? Qu'importe d'ailleurs une somme si minime pour l'issue de la lutte ? « Si je suivais cette politique, disait M. Yves Guyot en 1884, ce n'est pas 10,000 fr. que j'aurais demandé, mais 50.000 ou 100,000 fr. par semaine jusqu'à la victoire des mineurs, car si la ville de Paris entre dans la lutte, il ne faut pas, du moins, qu'elle en sorte vaincue. »

Dira-t-on que la somme importe peu, qu'il s'agit surtout d'un témoignage de sympathie, d'une manifestation ?

Mais alors pourquoi ces demandes ne sont-elles présentées qu'au sein des conseils municipaux, et, quelquefois, du Parlement ?

Les interventionnistes ont des réprésentants au sein de certains comités chargés d'administrer certaines caisses, par exemple, les caisses des écoles. Ils n'ont jamais, à notre connaissance, introduit de demandes semblables. Pourquoi donc ? Pourquoi n'avoir pas proposé de voter une somme, si minime qu'elle fût, qui aurait dû être versée aux souscriptions ouvertes en faveur des grévistes ?

Serait-ce peut être parce que l'on considère les conseillers municipaux comme tenus à moins de réserve et de scrupules envers les deniers qu'ils administrent ?

Et d'ailleurs, s'il s'agit d'un témoignage de sympathie, il devrait être donné à toutes les grèves qui se produisent.

Or, il n'en est rien, Messieurs.

Le préfet de police déclarait, en 1883, que le nombre des grèves s'était élevé en France à 51 dans l'année précédente.

Pendant l'année 1888, le *Bulletin officiel de la Bourse du Travail* nous montre des luttes industrielles éclatant sur tous les points du territoire français, dans les industries les plus diverses. Ce sont les verriers de Souvigny et de Vierzon, les forgerons d'écrous des Ardennes, les ébénistes de Rennes, les dévideuses de Flers, les pêcheurs de Boulogne-sur-Mer, les ouvriers du chemin de fer de Brives à Limoges, les ouvriers en sparterie de Lyon, les terrassiers de Paris, les cordonniers de Fougères, les brossiers à Charleville, etc. Quelques-unes de ces grèves sont déclarées admirables ; toutes sont justifiées et encouragées ; pour plusieurs des souscriptions sont ouvertes et nous n'y trouvons certes rien à redire. Mais aucune de ces grèves n'a eu l'honneur d'une demande de subvention au Conseil municipal, sauf deux : les verriers de la Seine et Seine-et-Oise, et les ouvriers terrassiers de Paris. Pourquoi? Pourquoi n'a-t-on pas proposé des subsides pour ces grèves qu'on déclare fondées en droit et conformes à la justice ? Pourquoi même n'avoir pas soutenu les tanneurs de Rome, les tisserands de Barcelone, les employés de chemins de fer américains, les mineurs de Belgique, puisque la lutte ouvrière ne connaît pas de frontières ?

Ainsi, un choix est fait, d'après des principes qui nous échappent.

L'autorité municipale, dont l'incompétence en pareille matière est cependant évidente, évoque à sa barre les conflits industriels, apprécie la situation économique d'une région, déclare, sans avoir aucun document authentique en sa possession, que le bénéfice du patron, s'élevant à tel chiffre, est exagéré et illicite ; que telle somme doit lui suffire pour amortir ses frais de premier établissement, lutter contre la concurrence nationale ou étrangère, rémunérer le capital, prévoir les risques.

Bien mieux, le Conseil s'érige en tribunal et décide, sans débat contradictoire et sans productions de pièces, qu'un patron a tort de vouloir, par exemple, conserver un contre-maître.

Mais un tribunal ne saurait juger toujours en faveur de l'une des parties. Que feront les collectivistes le jour où soit dans une autre cité, soit même à Paris, si la majorité change, les administrateurs d'une ville enverront dix mille francs aux patrons pour encourager leur résistance contre les prétentions des ouvriers ?

Ce jour là, Messieurs, nous verrons, n'en doutez pas, les collectivistes faire appel au bras séculier, se tourner vers l'autorité préfectorale ou judiciaire et demander l'annulation d'une délibération qui sera sévèrement appréciée dans les journaux du parti.

Ceci m'amène à vous parler de la dernière question qui me semble devoir être examinée par le Congrès : quelle est la sanction, quel est le recours qu'il faut organiser contre les usurpations des Conseils municipaux en matière de grèves ?

Vous avez lu, Messieurs, la sévère réponse de votre correspondant anglais, M. Williams, au questionnaire du Congrès : « Une semblable subvention, alors même qu'elle n'exposerait pas ses auteurs à une poursuite criminelle, serait annulée par les tribunaux ; toute somme votée dans ce but serait à coup sûr rejetée par l'auditeur des comptes du gouvernement. »

Quant à moi, s'il m'est permis d'indiquer une opinion personnelle, je ne chercherais cette sanction et ce recours ni dans les décrets d'annulation ni dans les sentences de tribunaux administratifs ou judiciaires.

Convaincu qu'il n'y a d'annulations efficaces que celles qui sont prononcées par l'opinion publique, c'est à elle que je voudrais m'adresser. C'est au souverain que je voudrais en appeler des usurpations du mandataire.

Le jour où les contribuables de Paris seraient consultés sur la question de savoir s'ils autorisent leurs délégués à prendre 10,000 fr. dans le budget communal pour les envoyer à des grévistes, soyez assurés, Messieurs, qu'une majorité considérable répondrait : Non ! Et la victoire serait irrévocablement acquise à la théorie de non intervention.

Mais je m'arrête, Messieurs, plus désireux de vous écouter et de m'instruire que de continuer l'exposé d'opinions d'autant plus sincères qu'elles ne se sont formées, je l'avoue, qu'après des hésitations et des tâtonnements.

M. NOTTELLE. — Chaque fois que j'apprends une nouvelle invasion des grèves, j'ai le cœur navré, et c'est avec indignation que je vois des pouvoirs publics les encourager. Donc je dis carrément :

Les conseils municipaux qui leur votent des subventions font trois choses illégales, iniques et antidémocratiques.

1° Ils s'érigent abusivement en juges.

2° Ils violent la propriété des autres ouvriers non subventionnés, à qui ils enlèvent, par les impôts d'octroi, une partie de l'argent destiné aux subventions.

3° Ce qui est un réel danger social, ils provoquent ainsi la multiplication des grèves qui ont toujours pour effet général des troubles économiques dont les ouvriers sont les victimes les plus atteintes, et pour effet direct, de refouler ces malheureux dans une détresse souvent irrémédiable.

Avant hier, M. Villain, sans faire l'apologie des grèves, a paru leur reconnaître, le cas échéant, une certaine utilité. J'ai la conviction que c'est une erreur. Les grèves ne peuvent pas amener une augmentation permanente de salaire. Quand elles paraissent avoir cet effet, l'augmentation se serait faite sans elles.

Le taux des salaires est réglé par l'ensemble de conditions générales, indépendantes de la bonne ou mauvaise volonté des patrons.

Malheureusement, l'influence de ces conditions, qui, par sa nature, devrait s'exercer librement, sans secousses, est continuellement troublée, dépravée par les agissements de la politique.

Pour justifier le procédé des grèves, on parle toujours d'abus arbitraires de la part des patrons. Sans doute il y a chez les patrons, comme d'ailleurs chez les ouvriers, des hommes à qui la passion et l'avidité font méconnaître leurs vrais intérêts. Mais, en général, les patrons sont équitables et même bienveillants pour leurs ouvriers, par la meilleure de toutes les raisons : ils sentent qu'ils perdraient plus qu'ils ne gagneraient à ne pas l'être.

J'occupe moi-même une bonne centaine d'ouvriers et ouvrières, tant directement que par l'entremise de ce que nous appelons des entrepreneurs.

Eh bien ! je ne puis rien vous dire de plus significatif : je suis toujours aussi préoccupé de leur donner à tous satisfaction que de ne pas mécontenter mes clients.

J'ajoute que presque tous les industriels avec qui je suis en rapport pensent et agissent exactement de même.

En somme, les grèves sont la guerre haineuse contre les patrons, guerre bête qui ne peut avoir pour résultat matériel que des ruines et des misères ; qui pénètre dans les rangs des ouvriers et s'y transforme en guerre intestine aussi désastreuse pour leur intelligence que pour leur moralité.

Vais-je donc conclure à l'interdiction des grèves par la loi, nullement. Mais je demande, et comme citoyen, j'ai le droit d'exiger que les pouvoirs publics, en accomplissant leur devoir, qui est de maintenir l'ordre et d'empêcher les violences, gardent scrupuleusement, en face des grèves, la neutralité absolue qu'ils n'ont pas le droit de violer. Mais si la violation a lieu, comment faire ?

M. Bompard, dans son très remarquable exposé, a prononcé le mot de responsabilité ; voilà, dans l'espèce, la vraie sanction : la responsabilité effective, pécuniaire que la loi inflige à tout mandataire, qui dans une œuvre collective, ayant la gestion des fonds pour les besoins de cette œuvre, en détourne une partie, suivant ses passions ou ses caprices, pour des objets étrangers à cette œuvre.

Et, Messieurs, dans l'émotion où me jettent, quand j'y arrête ma pensée, les douloureux résultats des grèves, j'adjure tous les honnêtes gens, tous les bons citoyens d'engager, par tous les moyens de persuasion, les ouvriers à jeter au loin cette arme à deux tranchants, dont l'un blesse bien un peu les patrons, mais dont le mieux affilé, toujours tourné contre eux, leur fait de profondes et souvent incurables blessures.

M. Villain. — Je considère la grève comme un mal nécessaire, tant qu'il n'y aura pas entre les patrons et les ouvriers une entente parfaite.

M. Nottelle. — Vers 1872 ou 1873, nous avons voulu, à la chambre syndicale des patrons, faire cette entente si nécessaire et qui pourrait amener des résultats si féconds. Les patrons étaient bien disposés, mais il s'est introduit dans les syndicats ouvriers un élément de discorde, de mauvais socialisme, qui a fait rejeter nos offres et qui a donné les résultats qu'on vient de citer.

M. TURQUAN. — J'ai fait une enquête avec les données qui m'ont été fournies par le ministre du commerce et celui de l'intérieur. Je me tiens à la disposition du Congrès pour lui expliquer comment cette statistique est née, les bases sur lesquelles elle a été faite, les détails techniques sur les causes des grèves, les ressources des grévistes et tous les renseignements qui pourront paraître utiles au congrès.

M. DONNAT. — Nous pourrions prier M. Turquan de vouloir bien revenir à deux heures et nous l'écouterons avec le plus grand intérêt.

M. TURQUAN. — Je me mets à la disposition du Congrès.

M. DONNAT. — Nous remercions M. Turquan. — Messieurs, la séance est levée.

SIXIÈME SÉANCE

Mercredi 3 juillet 1889

La séance est ouverte à 2 heures 1/2.

M. LE PRÉSIDENT. — La parole est à M. Turquan.

M. TURQUAN. — A la suite de certains *desiderata* exprimés à la Chambre des députés au commencement de cette année, M. le ministre du commerce et de l'industrie a désiré qu'une statistique fût faite par le bureau de la statistique de France sur les grèves. M. le ministre du commerce et de l'industrie reçoit tous les ans un rapport sur les grèves qui ont éclaté pendant l'année précédente dans les départements. Ces documents ne sont pas faits sur un même modèle, mais en les dépouillant d'une façon méthodique, cela a donné lieu à une statistique dont je vais avoir l'honneur de vous exposer les résultats.

Les renseignements que mon bureau a eus entre les mains vont de 1874 à 1885. 804 grèves ont pu être étudiées.

Les grèves sont plus fréquentes au commencement de l'année qu'à la fin. Les ouvriers élèvent leurs prétentions parce que le travail marche bien. Il y a eu 100 grèves en avril, 90 en mai, 86 en mars, tandis que dans les autres mois elles s'élèvent à 40 ou 60.

La répartition géographique des grèves indique qu'elles coïncident avec la répartition des industries. Le Nord a eu 172 grèves, la Seine 103, le Rhône 57, la Marne 39, la Somme 36, etc. Dans 15 départements, on n'a pas relevé une seule grève pendant 11 ans.

Les plus fréquentes causes de grèves sont : augmentation des salaires, diminution des salaires, conditions du travail. L'augmentation de salaire est dans une proportion de 24 0/0, la diminution de salaire 22 0/0, les conditions du travail 11 0/0.

46 grèves ont éclaté à la suite d'une demande de réduction de travail par les ouvriers ; 13 au contraire se sont produites à cause d'une réduction de travail fixée par les patrons.

25 grèves ont eu pour cause le maintien de certaines personnes ; 16 ont eu pour cause le renvoi de certaines personnes.

J'arrive à la durée des grèves. Elles ont été classées, depuis leur durée, de 1 jour à 455 jours : c'est la grève la plus forte que nous ayons pu constater, en mai 1877, la grève des selliers. 45 0/0 des grèves ne durent que de 1 à 3 jours. Sur 700 grèves, 12 ont duré plus de 100 jours. La durée moyenne des grèves a été de 10 à 16 jours.

Certaines grèves ont eu 2,000 participants. A Anzin, il y a eu 10,000 participants. En 1879, les grévistes menuisiers parisiens étaient au nombre de 20,000. En général, les grèves comptent de 300 à 400 ouvriers.

Sur 629 grèves, on a perdu 5,500,000 journées, journées perdues par 8,664 ouvriers.

Quant au nombre des femmes, il a été difficile d'avoir des renseignements. Dans certaines industries où on occupe des hommes et des femmes, la grève étant générale, on n'a pas spécifié le nombre des femmes. Cependant, nous avons eu quelques renseignements sur les grèves ouvrières des femmes : on compte 2 ou 3 grèves par an. En 1883, il y en a eu 8; en tout 27.

Les grèves se répartissent ainsi :

Industries textiles 39 0/0.

Industries minérales ou métallurgiques 17 0/0.

Ameublement 15 0/0.

Cuirs et peaux 6 0/0.

Vêtements 5 0/0.

Industries diverses 16 0/0.

Les grèves, au point de vue de leurs résultats, peuvent se classer en 3 parties :

Grèves ayant réussi parfaitement pour les ouvriers.

Transactions entre les ouvriers et les patrons.

Grèves ayant échoué complètement.

Il y a eu satisfaction complète pour les ouvriers dans 27 0/0 des grèves.

Il y a eu transaction dans 16 0/0.

Il y a eu échec dans 57 0/0.

Supposons que les ouvriers aient eu satisfaction au bout de 16 jours de grève, durée moyenne. Pour rattraper leurs journées perdues, il faudra qu'ils travaillent tous pendant 160 jours.

Souvent les ouvriers acceptent des salaires inférieurs à ceux qu'ils avaient avant la grève.

C'est dans les départements où il y a le plus de grèves qu'il y a le plus de condamnations.

Je dépose sur le bureau de votre Congrès ce recueil de documents de la part du Président du Conseil, qui dirige le service du bureau de la statistique de France.

Si vous voulez m'adresser des questions, je suis à votre entière disposition.

M. DONNAT. — Je remercie M. Turquan de l'exposé si nouveau et si intéressant qu'il vient de faire. Je le remercie aussi du livre qu'il veut bien nous apporter de la part de M. le Président du conseil. Je le déposerai dans la bibliothèque, où vous pourrez le consulter.

Un membre. — Je voudrais savoir s'il y a des renseignements sur les ressources dont les ouvriers disposent pendant la grève.

M. TURQUAN. — On n'a pas de renseignements complets, car il peut y avoir des ressources clandestines. Les fonds proviennent des chambres syndicales, de souscriptions, de quêtes à domicile et enfin de subsides votés par certaines municipalités.

Un membre. — N'a-t-on pas parlé de ressources venant de l'étranger ?

M. TURQUAN. — Nous ne l'avons jamais vu.

Un membre. — A-t-on des renseignements sur la situation des familles des ouvriers grévistes, femmes et enfants ?

M. TURQUAN. — Ce n'était pas dans le questionnaire.

M. VILLAIN. — L'administration devrait compléter ses renseignements en indiquant quels étaient les salaires avant le mouvement gréviste et après le mouvement gréviste. Nous aurions là des observations très précises qui contribueraient à rendre service aux économistes.

M. TURQUAN. — L'administration s'est trouvée pour cela en présence de très grandes difficultés. Tout le monde se met en grève depuis le contremaître jusqu'à la petite fille. Il faudrait donc faire une enquête sur chaque ouvrier. Cependant l'administration a pu dire que les salaires sont inférieurs après la grève.

M. VILLAIN. — Quand il y a eu cessation de travail dans une industrie, elle ne peut pas occuper tous les ouvriers qu'elle aurait pu occuper auparavant.

M. BOMPARD. — Certaines grèves ont été motivées par le mode de paiement. Une, même, a eu pour cause la plainte des ouvriers qui disaient qu'on les payait en nature. Je voudrais demander à M. Turquan combien de grèves ont été motivées par des réclamations de cette nature ?

M. TURQUAN. — L'administration n'a pas eu connaissance de cette réclamation. Pour les modes de salaires, il y a eu 6 grèves sur 800.

M. VEYSSIER. — Je voudrais savoir si l'administration est intervenue pour éviter ces grèves ou pour les faire cesser?

M. TURQUAN. — Le ministre du commerce n'a pas à intervenir. Notre enquête est une simple statistique.

M. VEYSSIER. — Nous avons pu voir que les préfets, en intervenant, ont pu arrêter des grèves. Je crois que le ministre du commerce et de l'industrie pourrait intervenir.

Un membre. — Je voudrais savoir s'il résulte de l'enquête qu'il y a augmentation ou diminution de grèves.

M. TURQUAN. — J'ai dit tout à l'heure que plus les affaires tendent à monter, plus les ouvriers tendent à poser des conditions, tandis que lorsque les ouvriers sentent le travail leur échapper, ils se gardent bien de se mettre en grève.

M. BEURDELEY. — L'augmentation de salaires obtenue par des ouvriers en grève profite-t-elle aux ouvriers de la même partie?

M. TURQUAN. — J'ai remarqué que cela leur profitait dans la même ville.

M. BEURDELEY. — Si l'ouvrier, pour rattraper la perte de son salaire, doit travailler 160 jours, le reste de la corporation a un bénéfice immédiat.

M. DONNAT. — Nous allons donner la parole à M. Beurdeley pour donner lecture du rapport de M. Léon Bourgeois sur la responsabilité des patrons en cas d'accidents, assurances facultatives ou obligatoires contre les accidents.

M. GRUHIER. — Je viens d'être mandaté par la chambre syndicale des tissus de Lyon pour la représenter ici.

M. VILLAIN. — J'ai reçu dans ce sens un certain nombre de lettres des départements. Elles seront mentionnées au procès-verbal.

M. Beurdeley donne lecture du rapport de M. Léon Bourgeois :

Messieurs,

La commission d'organisation du Congrès du travail nous a confié le soin de présenter un rapport sur les deux questions suivantes :

1° Responsabilité des patrons en cas d'accidents;

2° Assurances facultatives ou obligatoires contre les accidents dans l'industrie.

§ 1ᵉʳ — RESPONSABILITÉ DES PATRONS EN CAS D'ACCIDENTS

Jusqu'à ces dernières années, on n'avait point distingué entre les accidents qui frappent les personnes employées dans l'industrie et ceux qui atteignent les autres citoyens. Dans tous les pays dont la législation est née du Droit romain, la responsabilité d'un accident retombait toute entière sur celui par la faute duquel l'accident était arrivé, sans établir de différences, soit entre les victimes, soit entre les auteurs de l'accident.

Le développement considérable de l'industrie, la complexité chaque jour croissante des moyens mécaniques qui y sont employés, les dangers incessants que fait courir aux ouvriers le maniement des moteurs ou la manipulation des produits, ont amené un certain nombre d'esprits à rechercher s'il n'était pas nécessaire d'accorder à certains travailleurs une protection particulière.

Il a semblé qu'ils étaient, dans un grand nombre de cas, victimes d'une sorte de force majeure ; qu'il ne pouvait dépendre d'eux de modifier l'organisation et le fonctionnement des industries qui leur permettaient de gagner leur vie ; qu'ils n'étaient pas d'ailleurs, l'accident survenu, dans des conditions d'égalité dans le procès à soutenir contre leurs patrons ; que la preuve des circonstances d'un accident était toujours difficile à faire ; que les enquêtes étaient particulièrement incertaines dans un milieu mobile où les témoins se déplacent sans cesse et disparaissent rapidement (1) ; enfin qu'il était conforme aux sentiments démocratiques de la société moderne d'organiser un système particulier de défense et de secours pour les travailleurs qui constituent la majorité des citoyens et dont le travail — avec tous ses risques — est une des conditions essentielles de la prospérité de la nation.

* *

Deux doctrines se sont ainsi trouvées en présence : la doctrine qui se réclame du principe de la liberté des conventions, et demande le maintien pur et simple du droit commun inscrit dans notre Code civil, aux art. 1382 et suiv., et la doctrine qui sollicite l'intervention des pouvoirs publics pour protéger l'ouvrier contre les accidents dus à la nature même de l'industrie.

* *

Droit commun. — D'après les principes du droit commun, c'est

---

(1) Dans un rapport du 21 février 1881, une commission du Conseil des États de la confédération suisse, déclare « que d'après les documents qu'elle a eus sous les yeux, la preuve de la faute n'a pu être fournie que dans 55 cas sur 100 pour les fabriques et dans 90 cas sur 100 pour les mines ». (Rapport Alfred Girard, p. 7.)

à l'ouvrier blessé, réclamant une indemnité, à prouver (art. 1315, C. c.), que l'accident est dû à la faute du patron, ou à la faute de ceux qu'il a sous ses ordres (art. 1382, 1383, 1384 et 1797, C. c.)

Pour qu'il y ait droit à indemnité, il faut qu'il y ait faute ; il faut qu'il y ait un auteur responsable, il faut enfin qu'il y ait démonstration de la faute par l'ouvrier.

La fixation de l'indemnité est alors abandonnée à l'arbitrage des tribunaux.

Cette indemnité doit être de l'intégralité du préjudice souffert par la victime

Le dommage qui résulte du cas fortuit ou de la force majeure ne peut donner lieu à responsabilité.

* * *

Jurisprudence. — La doctrine et la jurisprudence ont cherché à interpréter d'une façon libérale les dispositions de nos lois civiles, et c'est ainsi qu'elles ont imaginé la théorie du patron protecteur de son ouvrier. Les rapports de l'ouvrier et du patron naissent du contrat de louage d'ouvrage. Le preneur est tenu de veiller à la conservation de la chose, il est obligé de la rendre en bon état. S'il la rend détériorée, il doit prouver que ce n'est pas par sa faute.

Dans ce système, l'ouvrier est un outillage humain que le patron doit conserver et rendre intact. De là découle une présomption de responsabilité contre le patron. Pour se dégager de cette présomption, le patron doit prouver la faute de l'ouvrier, la force majeure ou le cas fortuit.

Cette ingénieuse théorie a séduit un instant d'excellents esprits, mais elle était trop subtile pour s'imposer, et l'on peut dire qu'elle est aujourd'hui à peu près abandonnée en doctrine comme en jurisprudence.

* * *

Systèmes proposés aux Chambres françaises. — Pour rendre moins précaire la situation des ouvriers, victimes d'accidents dans l'exercice de leur travail, divers systèmes ont été proposés aux Chambres françaises.

Projet Nadaud. — C'est M. Martin Nadaud qui, le premier, a porté la question devant la Chambre. En effet, dès le 29 mai 1880, il dépose un projet de loi qui renverse l'obligation de la preuve. Pour arriver à ce but il crée, par dérogation au droit commun (1315 C.c.), une présomption légale en faveur de l'ouvrier; fait peser toute la responsabilité des accidents sur l'employeur, sauf preuve contraire, et inaugure une nouvelle procédure en matière d'accidents.

Viennent ensuite les projets de loi de MM. Peulevey (14 janvier 1882) et Félix Faure (11 février de la même année) qui, tout en laissant subsister la législation actuelle pour tous les cas qu'elle a réglés, créent, à côté, une législation parallèle pour tous les autres cas d'accidents.

Projet Peulevey. — C'est ainsi que M. Peulevey met à la charge de l'État tous les accidents graves arrivant dans l'exécution d'un travail commandé, lorsqu'ils sont le résultat d'un cas fortuit, de la force majeure, ou même d'une imprévoyance légère de la victime, — mais à condition seulement que l'ouvrier atteint ait versé dans le courant de l'année la somme de 2 francs entre les mains du percepteur de sa circonscription.

Projet Félix Faure. — M. Félix Faure, au contraire, partant du principe que le chef de toute entreprise est responsable du dommage causé à l'ouvrier tué ou blessé, lorsque l'accident a pour cause l'outil, le bâtiment ou le travail, établit, suivant certaines catégories, le tarif des indemnités à payer, et substitue ainsi à l'appréciation variable et arbitraire des tribunaux les prescriptions impératives de la loi.

Trois rapports ont été faits au nom de la commission pour examiner ces trois propositions de loi.

Rapport Girard. — Le premier rapport présenté par M. A. Girard, le 28 mars 1882, sur la proposition Martin Nadaud, concluait à l'adoption d'un projet de loi qui peut se résumer ainsi. Maintien du principe de la responsabilité de droit commun, c'est-à-dire responsabilité illimitée et réparation intégrale du préjudice causé, mais renversement de l'obligation de la preuve au profit de l'ouvrier.

Rapport Nadaud. — Un second rapport déposé au nom de la même commission le 14 novembre 1882, par M. Martin Nadaud, concluait au rejet de la proposition Peulevey et à l'adoption du double projet de M. Félix Faure relatif : 1° à l'établissement d'une législation spéciale en matière d'accidents ; et 2° à la création d'une Caisse d'assurance, auprès de laquelle les chefs d'entreprise pourront se prémunir contre les conséquences de la responsabilité mise à leur charge.

Rapport Girard et Nadaud. — Au mois de février 1884, la question des accidents industriels revenait pour la troisième fois devant la Chambre, sur un rapport de MM. Girard et Martin Nadaud.

La Commission soumettait alors un texte nouveau qui, tout en maintenant, en faveur de l'ouvrier, la législation actuelle pour les cas prévus aux art. 1,382 et suiv. C. c., établissait, pour certaines industries et dans des conditions déterminées, une présomption légale de faute contre l'employeur.

Pour les industries particulièrement dangereuses (d'ailleurs restrictivement spécifiées), où les accidents se reproduisent journellement sans qu'on parvienne à les rattacher à une faute initiale de l'homme, la commission créait, à la charge de l'employeur, une responsabilité spéciale à raison du risque professionnel.

Cette responsabilité était *absolue* en ce sens que l'indemnité était due en tous cas, et sans faute de personne, mais *limitée* en ce sens qu'il ne s'agissait pas d'une indemnité représentative de l'intégralité du préjudice causé, mais d'un secours tarifé par la loi et fixé uniformément au chiffre « des pensions et secours alloués actuelle-
« ment par la caisse d'assurances en cas d'accidents, établie par la
« loi du 11 juillet 1868, à l'assuré ou ayant droit de l'assuré, qui a
« versé ou pour lequel on a versé une prime annuelle de 8 fr. »

Ce projet de loi, voté en première lecture, le 23 octobre 1884, c'est-à-dire à la fin de la législature, fut repris, au début de la législature de 1885, par M. Lagrange qui, au nom de la première commission d'initiative parlementaire, conclut à sa prise en considération.

Projets divers. — De nombreuses propositions de loi vinrent alors s'y ajouter, qui s'inspirèrent tour à tour soit du principe de la responsabilité de droit commun, mais avec présomption légale contre l'employeur ; soit du principe du risque professionnel à la charge exclusive de l'employeur, mais rigoureusement limité ; soit enfin du risque professionnel, à la charge à la fois du patron et de l'ouvrier, mais accompagné de l'assurance obligatoire par des caisses de l'État ou par une organisation corporative des industries.

Rapport Duché. — Toutes ces propositions de loi et les projets antérieurs furent renvoyés à la Commission, présidée par M. Nadaud, qui, après les avoir examinés, leur substitua un nouveau projet plus complet et plus radical; projet inspiré en grande partie par la loi allemande du 6 juillet 1884 et appuyé sur les statistiques qui ont servi de base à cette loi.

Le projet de la Commission, d'après le rapport de M. Duché, peut se résumer ainsi :

Dans les titres I et II on a reconnu que, dans certaines industries et dans certaines conditions de la production industrielle, la responsabilité, *découlant du fait des choses dont le chef d'entreprise a la garde*, peut et doit entraîner juridiquement, en cas d'accident, et quelle qu'ait été la cause de l'accident, une indemnité nécessairement à la charge du chef d'entreprise en faveur de l'ouvrier. On a déterminé cette indemnité en prenant pour base le salaire de la victime.

Mais on a reconnu aussi que cette indemnité ne pouvait toujours être la même, et devait varier suivant les circonstances de l'accident et la part de responsabilité qui pourrait incomber à la victime ou au chef d'entreprise.

On a donc déterminé une indemnité minima, due dans tous les cas, et on a laissé au juge la faculté d'augmenter, suivant les circonstances et les responsabilités, le montant de cette indemnité jusqu'à une limite maxima, également fixée dans la loi.

Dans les titres III et IV on a institué une procédure nouvelle, ayant pour objet d'arriver au prompt règlement des différends qui peuvent naître des accidents.

Enfin, dans les titres V et VI on a, en premier lieu, constitué une organisation nouvelle de l'assurance mutuelle, au moyen de syndicats librement formés; puis cherché à compléter cette organisation nouvelle par une assurance, sous la garantie de l'État, confiée à la caisse créée en 1868.

Projet voté par la Chambre. — Ce projet, toutefois, ne devait pas être définitif : car, au cours de la session de 1888, la Commission saisissait la Chambre d'une nouvelle rédaction de la loi qui enfin adoptée, après deux délibérations, dans la séance du 18 juillet, a été renvoyée au Sénat le 17 du même mois.

Cette dernière proposition de loi est, pour ainsi dire, la reproduction intégrale du projet Duché : comme ce dernier, elle met de *plein droit et dans tous les cas*, à la charge du patron, les conséquences des accidents, sauf lorsque ces accidents auront été intentionnellement provoqués par les victimes (1).

* * *

Législations étrangères. — Si nous jetons maintenant un rapide coup d'œil sur les législations étrangères, nous reconnaîtrons que tous les systèmes qui ont été successivement défendus dans nos Chambres françaises ont été également discutés au dehors, et l'on pourrait presque trouver dans les divers pays européens des exemples de l'application de chacun d'eux.

L'individualiste Angleterre a jusqu'ici absolument repoussé toute mesure de protection exceptionnelle pour les ouvriers. Jusqu'en 1880, elle n'admettait même pas en leur faveur les dispositions du droit civil commun. Une loi de Charles II déclarait bien le maître responsable de tout dommage causé par une personne sous ses ordres, mais la jurisprudence, depuis 1837, déclarait que le texte de cette loi, parlant seulement du dommage causé « à un étranger », les personnes aux ordres du maître, ouvriers, agents, employés, etc., étaient par là même exclus du bénéfice de la loi, et ne pouvaient s'en prendre au patron du dommage qui leur était causé par un accident survenu dans l'industrie dont il était le chef, à moins qu'il n'y eût une faute *personnelle* de sa part.

Il y avait donc dérogation au droit commun *contre l'ouvrier*. Cette injustice criante a disparu depuis la loi du 7 septembre 1880, qui a admis enfin la responsabilité du patron vis-à-vis de ses ouvriers, lorsque le dommage a été causé : 1º par quelque défaut dans le mode de travail ou le matériel employé ; 2º par la négligence d'un de ceux que le patron a chargés de la direction des travaux ; 3º par le fait de toute personne employée, aux ordres de laquelle était l'ouvrier, et ayant agi en conformité des règlements faits par le patron, etc. Encore devons-nous noter que de rigoureuses restrictions sont apportées à l'action de l'ouvrier, et que le montant de l'indemnité qui pourra lui être allouée est loin d'être intégrale, puisqu'elle est limitée « à une somme représentant pen-

____

(1) **Rapport Tolain** (*Sénat*). — Quant au projet rapporté par M. Tolain, le 24 janvier 1889 et actuellement soumis au Sénat, c'est le même que celui voté par la Chambre, sauf quelques modifications de détail et de peu d'importance.

dant trois ans le salaire d'un ouvrier de la même profession dans le
district ». Le fardeau de la preuve reste, bien entendu, tout entier
à la charge de la victime.

L'Angleterre, on le voit, ne donne même pas encore aux ouvriers
le régime de notre Code civil. L'Italie s'est tenue jusqu'ici à ce
régime et n'a demandé qu'à l'assurance libre et à certaines institutions volontaires (*Patronato d'assicurazione e di Soccorso per
gl' infortuni del lavoro de Milan*) les moyens d'aider les victimes
des accidents à obtenir la réparation du dommage (1). La Suisse,
au contraire, a depuis 1881 organisé un système de responsabilité des patrons plus favorable aux ouvriers. Le mouvement
a commencé en Suisse dès 1875 (loi fédérale du 1er juillet 1875
sur les accidents causés dans l'exploitation des chemins de fer; loi
du canton de Genève du 26 juin 1878 sur la responsabilité des
entrepreneurs de chantiers; loi fédérale provisoire du 23 mars 1877
sur la responsabilité des propriétaires de fabriques); il a abouti à
la loi du 25 juin 1881, qui établit la responsabilité du fabricant
« lors même qu'il n'y aurait pas faute de sa part, à moins qu'il ne
prouve que l'accident a eu pour cause la force majeure ou des
actes criminels ou délictueux imputables à des tiers, ou la propre
faute de la victime. » C'est, on le voit, le système du renversement
de la présomption; c'est en outre la mise du cas fortuit à la
charge du patron : l'art. 5 de la loi admet cependant qu'en cas
d'accident fortuit « la responsabilité sera équitablement réduite. »

C'est en Allemagne que nous trouvons le développement le plus
complet du principe de l'intervention de l'État pour la protection
de l'ouvrier victime des accidents de fabrique. Le droit commun
allemand, sauf dans les provinces rhénanes soumises au régime
du Code civil français, était extrêmement rigoureux en matière de
responsabilité civile : l'auteur immédiat du dommage était seul
responsable; s'il était le préposé, le représentant d'une autre personne, celle-ci n'était responsable en principe que de la *culpa in
eligendo*, c'est-à-dire de la faute qu'elle avait pu commettre en le
choisissant (2). Diverses dispositions spéciales furent votées pour
étendre au profit des victimes ces règles étroites de la responsabilité des chefs d'entreprise (notamment loi du 7 juin 1871, dite loi

______

(1) V. Ugo PISA, *Relation sur la prévoyance pour les accidents du travail.*
Milan, 1889.

(2) V. ESMEIN, sur la loi allemande de 1884. *Annuaire de Législation*,
1884, p. 121.

de responsabilité (Haftpflichtgesetz), mais le grand nombre des procès, la difficulté de la preuve soulevèrent, comme ailleurs, de vives critiques, et l'idée de l'assurance obligatoire fut présentée comme contenant la seule solution pratique du problème. Un projet en ce sens fut soumis au Reichstag dès le 8 mars 1881; après beaucoup de vicissitudes, il est devenu la loi du 6 juillet 1884.

Nous reviendrons nécessairement sur cette loi lorsque, dans la seconde partie de ce rapport, nous devrons toucher la question des caisses d'assurances. Nous n'y relevons ici que les principes suivant lesquels se règle juridiquement, vis-à-vis de la victime, la question de la responsabilité.

La responsabilité personnelle du patron, celle qui entraîne la réparation intégrale du dommage, se trouve d'abord extrêmement restreinte; il ne l'encourt que s'il est établi qu'il a occasionné l'accident à dessein; il en est de même pour ses préposés, surveillants ou ouvriers (art. 95 et suiv.)

Hors ce cas, les accidents survenus de toute façon donnent lieu à des indemnités ou pensions, tarifées suivant les cas, par la loi même, d'après la gravité des suites de l'accident, et mises à la charge non plus du patron, mais de l'association professionnelle à laquelle ce patron a dû, soit volontairement, soit obligatoirement, s'affilier.

En principe, ni l'État, ni les ouvriers n'interviennent dans la constitution des ressources de ces associations professionnelles, dont les patrons supportent toutes les charges! Toutefois, certaines des indemnités dues en cas d'accident étant payées par les caisses d'assurance contre la maladie, qu'alimentent principalement les cotisations des ouvriers, on voit que ceux-ci sont indirectement, et dans une mesure assez forte, appelés, non individuellement, mais corporativement, à contribuer aux indemnités en cas d'accident.

Nous retrouvons en Autriche, dans la loi du 28 décembre 1887, un système dont les grandes lignes sont analogues au système allemand. En Autriche, comme en France, c'est par une proposition tendant au renversement de la présomption en faveur de l'ouvrier que commencèrent les tentatives de réforme (1877); les Chambres ayant rejeté cette proposition, le gouvernement de Vienne s'emparant des débats du Reichstag allemand, formula en 1883 un projet d'assurance obligatoire, qui, après deux années de luttes, est devenu la loi du 28 décembre.

Quoique née du même courant d'idées que la loi allemande, la loi autrichienne ne lui est cependant pas conforme et, par bien des côtés, lui est supérieure.

Nous reviendrons, à propos des caisses d'assurance, sur les dispositions de cette loi. Disons seulement ici qu'elle établit le principe du risque professionnel spécial à chaque industrie et l'assurance obligatoire mutuelle pour tous les ouvriers industriels et pour les ouvriers agricoles qui emploient des machines, que l'indemnité due est tarifée par la loi suivant la gravité des suites de l'accident (blessures, invalidité, mort), et qu'elle est à la charge non des patrons individuellement, mais d'associations d'assurance, non plus professionnelles, mais territoriales, aux charges et à la gestion desquelles les patrons et les ouvriers sont associés.

Nous verrons plus loin avec quelles précautions particulières sont établis les tarifs de pensions et les tarifs de primes, en vue d'assurer dans l'avenir, — ce que n'a pas fait la loi allemande — l'équilibre financier de ces institutions.

*   *   *

Le moment est venu de résumer en quelques mots les divers systèmes qui se dégagent de l'ensemble de toutes ces proposi_ tions.

Nous en apercevons quatre principaux :

1er Système. — Droit commun :

Aucune acception de personnes;

Aucune distinction entre les auteurs d'un accident, patrons ou ouvriers ;

Responsabilité de l'auteur de l'accident, entraînant l'obligation de réparer l'intégralité du dommage ;

La preuve de la faute nécessaire, et cette preuve mise, comme pour toute autre action civile, à la charge du demandeur, la victime.

2o Système. — Maintien des principes généraux du droit, mais avec renversement de la présomption ;

Le patron toujours personnellement responsable, s'il est l'auteur de l'accident, et devant toujours l'indemnité intégrale; mais la faute du patron étant présumée, il ne peut se décharger qu'en prouvant la faute de l'ouvrier.

3o Système. — Maintien de la responsabilité du droit commun dans les conditions de fait et de preuves normales, mais création, à côté, d'un risque professionnel, considéré comme découlant du fait des choses dont le patron a la garde, comme une charge de l'industrie dangereuse, et entraînant l'allocation d'une indemnité limitée, tarifée, par une sorte d'abonnement, mise à la charge du patron personnellement, sans qu'il puisse même prouver qu'il y a eu faute de l'ouvrier, et dont il ne peut être déchargé que si la victime s'est intentionnellement exposée à l'accident.

4° Système. Enfin admission des mêmes règles sur le risque professionnel, mais à la charge non plus du patron personnellement, mais d'une association d'assurances,

Soit mutuelle entre patrons et ouvriers,

Soit mutuelle entre les patrons seuls,

Et obligatoire pour les uns et pour les autres.

Tels sont les quatre systèmes principaux auxquels se réduisent ensemble les lois, projets, propositions que nous avons sommairement énumérés.

Nous n'avons pas à prendre ici parti entre eux ; nous espérons en avoir présenté un exposé impartial qui peut servir de base à la discussion du Congrès.

§ 2 — ASSURANCES FACULTATIVES OU OBLIGATOIRES

CONTRE LES ACCIDENTS INDUSTRIELS

La responsabilité du patron étant déterminée — quel que soit celui des systèmes exposés plus haut qui ait été adopté, — il y a lieu de se demander quels moyens peuvent être mis à sa disposition pour supporter sans en être écrasé les charges de cette responsabilité.

Sur cette question comme sur l'autre, nous retrouvons en présence les deux grandes théories générales : celle de la liberté et celle de l'intervention de l'État.

.·.

Suivant les partisans de la liberté, c'est à l'assurance volontaire que les patrons, comme d'ailleurs les ouvriers eux-mêmes, doivent recourir pour atténuer les risques auxquels ils sont exposés.

L'État ne doit pas intervenir pour imposer cette assurance ; en obligeant un homme à la prévoyance, il excède absolument ses pouvoirs, il viole la liberté individuelle.

Il ne doit même pas subventionner les institutions d'assurances nées de l'initiative privée. S'il prend à sa charge une partie des secours ou pensions auxquels auront droit les ouvriers de l'industrie, de quel droit refusera-t-il un traitement semblable à tous les autres ouvriers, employés, salariés? A peine d'établir entre les catégories de citoyens une inégalité injustifiable, il devra accepter que tous indistinctement lui remettent le soin d'assurer le pain de leurs vieux jours. Ce serait la fin de l'activité humaine. L'État, s'il intervient, doit se borner à faciliter l'assurance par une législation bien faite, tout au plus pourrait-il aider au développement des assurances en prêtant aux citoyens prévoyants le concours de son organisation. C'est ainsi qu'en France les ouvriers trouvent dans la caisse fondée par la loi du 11 juillet 1868, une institution publique destinée à leur faciliter l'assurance. L'assurance à bon marché y est réalisée; moyennant le paiement d'une prime de huit francs par an, un ouvrier est à l'abri des conséquences des accidents. En cas d'incapacité totale de travail il reçoit, selon son âge, une rente de 300 à 500 francs.

Cette loi n'a pas, par malheur, porté ses fruits. Elle a le tort de ne prévoir que l'incapacité absolue de travail et non l'incapacité momentanée. D'autre part, l'ouvrier ne paraît pas avoir assez d'empire sur lui-même pour s'imposer régulièrement un sacrifice volontaire.

Il paraît qu'en province les ouvriers s'assurent assez fréquemment aux compagnies. On attribue ce fait au milieu plus calme dans lequel ils vivent et qui les rend plus prévoyants, et aussi à la persécution dont ils sont l'objet de la part des courtiers qui n'ont de cesse qu'ils n'aient obtenu la signature de la police (1).

En Italie, la Caisse nationale d'assurances, fondée par la loi du 8 juillet 1888 pour l'assurance individuelle ou collective des ouvriers, ne semble pas non plus avoir pris jusqu'ici un bien grand développement.

⁎

Systèmes proposés par les patrons. — Les patrons français, de leur côté, sans attendre l'intervention législative, se sont efforcés d'organiser divers systèmes d'assurance.

Comme il est naturel, les patrons étaient guidés tout d'abord par

(1) V. J.-B. GAUTHIER, *Études syndicales*, Chaix, 1889.

leur intérêt personnel. La responsabilité qui naît d'un accident peut entraîner de telles conséquences qu'un industriel soit ruiné. De là l'idée d'assurance mutuelle entre patrons d'une même industrie, ayant pour but de garantir les membres de l'association contre les conséquences pécuniaires des accidents causés aux personnes (ouvriers ou personnes étrangères à l'industrie).

Ces associations, qui ont été formées sous le patronage et par l'initiative des chambres syndicales des maçons, couvreurs, charpentiers, serruriers, menuisiers, fumistes, peintres, ont eu pour premier effet favorable aux ouvriers d'assurer la solvabilité des patrons responsables des accidents.

Mais les chambres syndicales sont allées plus loin. L'Association ne s'engage pas seulement à couvrir ses membres des conséquences des indemnités pécuniaires, elle offre à la victime de régler le sinistre à l'amiable; à cet effet, elle a établi des règles fixes pour le règlement des sinistres.

Ainsi, pour l'incapacité de travail temporaire, l'ouvrier blessé aura tout d'abord pendant sa maladie la moitié de son salaire.

Pour l'incapacité permanente et partielle de travail, résultat de l'accident, ce sera une rente annuelle et viagère de 180 francs.

Pour l'accident entraînant l'incapacité permanente et absolue de travail, elle donnera droit à une rente annuelle et viagère de 350 francs.

Pour le cas de mort, c'est un capital de 3,000 francs qui est remis à la veuve et aux enfants mineurs (Société d'assurance des maçons).

Ici un nouvel avantage est procuré aux ouvriers; en effet l'indemnité est accordée à l'ouvrier alors même qu'il n'y a pas de faute du patron, même dans le cas de force majeure et de cas fortuit, même dans le cas de faute de l'ouvrier. Les statuts des chambres syndicales n'exceptent que les cas de rixe, d'ivresse et de suicide.

A la vérité, le tarif des indemnités ne comporte pas la réparation intégrale du préjudice. Mais il est toujours loisible à l'ouvrier de faire usage du droit commun et de réclamer devant les tribunaux une indemnité intégrale.

On a vu qu'ici l'assurance est mutuelle entre les patrons et qu'elle profite aux ouvriers sans qu'il soit fait une retenue sur leur salaire.

C'est le système d'assurance volontaire des patrons.

Certaines corporations néanmoins prélèvent des retenues sur le salaire de l'ouvrier et sont ainsi couvertes en tout ou en partie de la prime qu'elles paient à l'association. C'est ce système que les patrons désirent voir se généraliser. Les institutions d'assurances mutuelles contre les accidents, dues à l'initiative des patrons, ont en somme déjà donné en France d'intéressants résultats. En Italie, une organisation complémentaire, dont nous avons déjà dit un mot dans la première partie de ce rapport, le *Patronato* de Milan, semble de nature à favoriser considérablement le développement de l'assurance volontaire.

C'est une institution ayant à la fois le caractère de prévoyance et de bienfaisance (*Assicurazione e soccorso*).

Aux termes de ses statuts, le *Patronato* encourage l'assurance : 1° en l'offrant comme intermédiaire gratuit entre l'ouvrier ou l'entrepreneur et les compagnies d'assurances dont il obtient toutes les facilités possibles ; 2° en aidant l'ouvrier ou sa famille dans la liquidation de l'indemnité ; 3° en avançant au besoin à l'ouvrier le montant de la prime annuelle, contre obligation de rembourser par versements successifs, ou bien en lui anticipant l'indemnité liquidée pour l'accident ; 4° en payant, dans certaines circonstances, pour le travailleur, une partie de la prime d'assurances.

Le *Patronato* prête en outre son appui moral aux victimes, en les aidant, les conseillant, les soutenant par ses démarches pour obtenir, soit par voie de conciliation, soit par voie judiciaire, l'indemnité due ; enfin, mais dans les cas d'urgence extrême, il donne même des secours temporaires en argent aux plus nécessiteux.

Les ressources du *Patronato* sont assurées par les cotisations de ses membres et par les subventions, dons ou legs qu'il peut recueillir.

En fait, l'institution paraît en voie de très remarquable développement : fondée en 1883, elle avait au 31 décembre 1888, assuré 38,873 individus ; elle n'est pas intervenue dans moins de 8,502 cas d'accidents. Chose remarquable : nous avons dit plus haut que la caisse d'assurances nationale d'Italie, fondée en 1883, avait donné jusqu'ici peu de résultats ; depuis que le *Patronato* s'est fait l'intermédiaire et le prosélyte de l'assurance, un mouvement tout nouveau s'est produit : le rapport de M. Ugo Pisa cite ce fait extraordinaire que les travailleurs assurés à la caisse nationale étaient, à Turin, au nombre de 1419, au 1er janvier 1887, lorsque le *Patronato* commença son action ; et qu'au 1er novembre 1888, en moins de 2 ans, ils s'élevaient, grâce à l'intervention de celui-ci, à 14,773.

Il est donc permis d'espérer, et c'est la conclusion très ferme des partisans du système de l'assurance facultative, qu'avec le progrès de l'éducation publique, la diffusion de l'esprit de prévoyance, et l'aide des hommes de bonne volonté, la solution du problème de l'assurance se dégagera d'elle-même des expériences et des efforts de l'initiative privée, plus lentement peut-être, mais plus sûrement que de tout arrangement artificiellement composé, et, en tout cas, au grand profit de la dignité et de la moralité humaines.

Intervention de l'État. — Nous devons maintenant écouter ce que répondent les partisans de l'intervention de l'État.

Ils disent d'une part qu'il ne faut pas espérer de longtemps que l'esprit de prévoyance se développe suffisamment chez les ouvriers, et que l'immense majorité des travailleurs restera toujours en dehors des institutions volontaires d'assurances; que s'en rapporter à eux, c'est renoncer purement et simplement à la solution du problème; d'autre part, que même en ce qui concerne les patrons, un certain nombre d'entre eux, surtout dans la petite industrie, resteront en dehors des associations mutuelles ou n'y donneront pas aux ouvriers toutes les garanties nécessaires ; enfin que ces associations elles-mêmes pourraient, dans certains cas, succomber sous le poids des responsabilités ainsi aggravées.

L'État seul, qui a un devoir de justice à remplir vis-à-vis de cette masse de citoyens, victimes en somme du développement inéluctable de l'outillage industriel, peut, en organisant lui-même l'assurance, la généraliser assez pour la rendre enfin efficace.

Dans ce système, l'assurance par l'État peut, on le remarquera, être encore tantôt *facultative*, telle qu'elle résulte du projet voté par la Chambre française, en 1888, et tantôt *obligatoire*, ainsi que l'a établie la loi allemande du 6 juillet 1884.

Assurance facultative, système français. — Le projet voté par la Chambre des députés et actuellement soumis au Sénat, après avoir repoussé l'assurance obligatoire, tend à faciliter l'assurance contre le risque professionnel à tous les chefs d'entreprises qui se trouvent classés dans la nomenclature des industries reconnues dangereuses.

Caisse d'État ouverte aux patrons. — Pour obtenir ce résultat, il offre aux *syndicats mutuels libres*, le concours actif des administrations de l'État et réorganise la caisse nationale des accidents, créée par la loi du 11 juillet 1868.

1º Il indique au titre V, art. 28, les conditions dans lesquelles les syndicats d'assurances, librement formés par les chefs d'industries, pourraient obtenir le concours de l'État, et il détermine, article 30, la nature de ce concours, en donnant à la caisse nationale d'assurances en cas d'accident, l'autorisation d'ouvrir aux syndicats un compte courant portant intérêt.

2º Il donne, d'autre part, article 31, aux chefs d'entreprises *non syndiqués*, la faculté de constituer, par des versements à ladite caisse nationale d'assurances, les pensions, viagères ou temporaires, mises à leur charge.

3º Quant aux chefs de petites entreprises ou d'exploitations agricoles, soumis également à la responsabilité découlant du risque professionnel et qui pourraient se trouver bien souvent dans l'impossibilité, soit de constituer des syndicats mutuels, soit d'obtenir leur admission dans des syndicats déjà formés, le projet cherche à les mettre à même de se garantir, eux aussi, par un acte de prévoyance, contre les conséquences de cette responsabilité.

Pour atteindre ce résultat, il modifie le fonctionnement de la caisse d'assurances contre les accidents, fondée en 1868, et l'autorise, pour l'avenir, à effectuer directement des assurances ayant pour objet de garantir les chefs d'entreprises contre les conséquences pécuniaires résultant de la loi, moyennant le paiement de primes fixées conformément aux tableaux annexés audit projet de loi (*Rapport Tolain au Sénat*, 24 *janvier* 1889).

*
* *

Assurance obligatoire. — *Système des patrons français.* — Le système de la Chambre française est, on le voit, celui de l'intervention de l'État dans l'organisation de l'assurance, mais non celui de l'assurance obligatoire. Il semble que l'on ait voulu faire un compromis entre ces deux théories extrêmes, qu'on ait d'une part manqué de confiance dans l'initiative privée, et d'autre part reculé devant les conséquences socialistes de l'assurance obligatoire.

A-t-on satisfait quelqu'un en agissant ainsi ? N'a-t-on pas donné prise à toutes les critiques ? C'est bien ce qui semble résulter des manifestations récentes de l'opinion des groupes de patrons. La loi française, disent-ils, met en somme toutes les responsabilités à notre charge, et, en ne déclarant pas l'assurance obligatoire, elle nous laisse ensuite sans appui pour supporter ces responsabilités. Si vous voulez maintenir la liberté dans le contrat d'assurance, de quel droit l'avoir supprimée dans le contrat du travail ?

C'est en ce sens que s'est prononcé, en 1888, le Congrès des industriels de France. Il a voté, à une majorité considérable, le principe de l'assurance obligatoire avec participation des ouvriers au paiement de la somme et faculté, pour l'industriel, de s'assurer soit à la caisse de l'État, soit à des syndicats d'assurance mutuelle, soit aux Compagnies d'assurance contre les accidents, sous le contrôle de l'État et les garanties d'un règlement d'administration publique spécial.

Cette solution paraît avoir été prise, non seulement en considération des ouvriers, mais aussi en faveur des petits industriels.

Ce mouvement paraît s'être accentué ; l'idée de l'intervention de l'État paraît triompher dans l'esprit des patrons, si l'on en croit les vœux suivants de la sous-section du Congrès des Chambres syndicales au Congrès de 1889 :

1° Que l'État encourage et favorise le développement des associations industrielles destinées à préserver les ouvriers des accidents du travail ;

2° Qu'en matière d'accidents du travail, la responsabilité des chefs de maison ne sorte pas des limites du droit commun ;

3° Qu'il y a lieu de faire une loi sur les accidents du travail assurant dans tous les cas une indemnité à l'ouvrier blessé, sauf lorsque celui-ci aura provoqué intentionnellement l'accident ;

4° Que le paiement de cette indemnité soit assuré, non pas par une extension de la responsabilité du chef de maison, mais par l'établissement de l'assurance obligatoire contre les accidents du travail avec participation des ouvriers au paiement de la prime.

5° Que cette assurance ne soit pas faite obligatoirement par l'État seul, mais que l'industriel ait la faculté de s'assurer soit à des syndicats mutuels, soit à des Compagnies d'assurance sous le contrôle de l'État ;

6° Que la loi nouvelle abrège les formalités de procédure beaucoup trop longues aujourd'hui, et en réduise considérablement les frais ;

7° Que l'État encourage et favorise la création de caisses d'assurances mutuelles par les soins des syndicats professionnels ;

8° Que les Unions syndicales étudient la création dans leur sein d'assurances contre les risques d'accidents.

*
* *

Assurance obligatoire (1) (*système allemand et autrichien*). L'idée

(1) Voir *Les Annales Économiques* du 5 septembre 1889. L'assistance contre l'invalidité de la vieillesse en Allemagne par Charles GRAD.

de l'assurance obligatoire, qui est le dernier mot du système auquel aboutissent en somme les patrons français, a été, on le sait, réalisée dans deux grands pays voisins : l'Allemagne et l'Autriche. Il nous reste à indiquer rapidement dans quelles conditions la loi allemande du 6 juillet 1884 a créé une vaste organisation à laquelle nul n'a le droit d'échapper.

Ce système qui fonctionne en Allemagne depuis 1885 est également appliqué en Autriche depuis le mois de décembre 1887.

« Alors, comme le dit M. Tolain, dans son rapport cité plus haut, c'est l'État qui, dans un intérêt d'ordre public, de concorde et de solidarité sociale, se substitue en quelque sorte à la responsabilité individuelle des chefs d'entreprise, et prélève une contribution forcée qu'il fixe directement ou indirectement. En réalité, c'est un impôt plutôt qu'une assurance, impôt prélevé par l'État sur certains citoyens pour se couvrir d'une obligation qu'il contracte envers certains autres.

La loi sur l'assurance contre les accidents (*unfallversicherungs gesetz*) du 6 juillet 1884, porte dans son article 1er : « Seront assurés conformément aux dispositions de la présente loi contre les accidents qui peuvent se produire dans leurs professions, tous les ouvriers occupés dans les mines, salines, les carrières, les chantiers de bâtisse et fabriques ».

L'assurance obligatoire des ouvriers contre les accidents est pour le tout à la charge des entrepreneurs industriels. Ni l'Empire, ni les ouvriers eux-mêmes n'y contribuent. Une partie des secours à allouer au lendemain de l'accident étant toutefois à la charge des caisses d'assurances contre les maladies, et les ouvriers versant à ces caisses des cotisations importantes, ils sont, on le voit, indirectement associés aux charges de l'assurance contre les accidents.

D'autre part, les patrons ne sont responsables du dommage intégral résultant de l'accident que s'il y a contre eux une condamnation pénale pour ce fait.

Les associations professionnelles qui réalisent l'assurance contre les accidents se forment librement, sauf l'approbation du Conseil fédéral. A défaut d'entente mutuelle, ce conseil les constitue d'office.

Elles sont controlées et dirigées par l'administration impériale des assurances, composée de trois membres nommés par l'empereur sur la proposition du Conseil fédéral.

Enfin, la loi a organisé les juridictions arbitrales qui siègent dans la circonscription de chaque association professionnelle. Elles se composent d'un président, nommé par le pouvoir central, et de quatre assesseurs, deux nommés par les associations de patrons et deux par les représentants des ouvriers assurés.

La loi autrichienne du 28 décembre 1887 part, nous l'avons dit, des mêmes principes que la loi allemande (1). Elle établit l'assurance mutuelle obligatoire contre les accidents pour tous les ouvriers industriels, avec extension aux ouvriers agricoles qui emploient des machines ; elle remet la gestion de l'assurance à des corporations ayant un caractère territorial et non professionnel ; elle appelle les patrons et les ouvriers à participer les uns et les autres aux charges comme à la gestion de ces associations ; elle écarte enfin toute participation financière, même indirecte de l'État ; le taux des pensions accordées aux blessés, aux invalides, aux veuves, orphelins ou ascendants est toujours déterminé par la loi et forme toujours un multiple du gain journalier de l'ouvrier, plus ou moins élevé, suivant les conséquences de l'accident et suivant le risque professionnel spécial à chaque industrie ; enfin les sommes demandées chaque année aux assurés sont rigoureusement calculées de façon à constituer le capital correspondant aux rentes créées dans l'année, augmenté même d'un tant pour cent pour le fonds de réserve, précaution excellente que n'a pas su prendre le législateur allemand (2).

Résumé. — Comme nous l'avons fait pour la question du principe de la responsabilité des patrons, nous résumerons en quelques mots les idées maîtresses dont le conflit nous est apparu dans toutes ces lois et propositions sur l'assurance.

(1) Comme dans la législation allemande, il faut rapprocher de cette loi du 26 décembre 1887, la loi autrichienne d'assurance contre les maladies, du 30 mars 1888, qui la complète nécessairement.

(2) *Projet De Mun.* — On peut, à la rigueur, rapprocher des lois allemandes et autrichiennes le système proposé à la Chambre par M. De Mun, en février 1886 ; il est également basé sur l'assurance obligatoire organisée au moyen de la corporation professionnelle.

A la responsabilité individuelle du chef d'entreprise il tend à substituer celle d'une corporation professionnelle garante de l'indemnité encourue.

Il divise la France en quinze grandes circonscriptions territoriales où les industries similaires se grouperaient en corporations.

Des caisses corporatives seraient instituées.

Ces caisses, alimentées obligatoirement par les patrons et les ouvriers qui en même temps les administreraient, auraient à leurs charges le paiement des indemnités accordées aux victimes d'accidents, ainsi que les autres frais accessoires.

1º Pour les uns, l'assurance est un acte de prévoyance qui ne peut pas plus être imposé à tels citoyens qu'à tels autres. C'est à celui qui choisit un travail, une carrière, une industrie, à calculer avant de s'y engager, les chances, les risques qui y sont afférents et à prendre toutes les mesures propres à l'en défendre. Les pouvoirs publics ne doivent pas plus intervenir pour le protéger contre son imprévoyance, pour en réparer les effets, qu'ils ne pourraient le défendre contre les difficultés commerciales qu'il rencontrera, contre la hausse ou la baisse de ses produits, contre les faillites de ses débiteurs. L'assurer contre les risques des accidents, c'est le mettre en tutelle; pourquoi s'arrêterait-on là? Ce pas franchi, on verra tous les citoyens demander dans tous les actes de leur vie la protection de l'État. A la liberté individuelle qui a fait la grandeur de la Société moderne, c'est substituer promptement une servitude nouvelle, uniquement fondée sur la satisfaction promise des besoins matériels et plus avilissante que tous les despotismes de l'histoire.

2º Pour les autres, non seulement ces craintes sont chimériques, mais elles sont l'expression d'une indifférence, d'un égoïsme coupables. Il ne suffit pas de proclamer la liberté des individus, il faut encore leur donner les moyens de conserver leur existence et d'exercer leur activité. Or, s'il est reconnu que dans la situation actuelle de l'industrie moderne, l'ouvrier est exposé à des dangers considérables, supérieurs à toute prévision, à toute prudence humaine, il y a là une force majeure dont les pouvoirs publics doivent se préoccuper dans l'intérêt, non seulement de la justice et de la solidarité sociales, mais encore dans l'intérêt même de la prospérité de la nation. Les habitants d'un lieu menacé par la mer ou par les inondations, ne peuvent se défendre individuellement; l'État intervient pour les protéger par des ouvrages que seul il a la puissance de construire. Il doit de même organiser un système de prévoyance qui mette les travailleurs à l'abri des événements de force majeure qui les menacent chaque jour. — Et quant aux patrons, auxquels incombera précisément la plus lourde charge dans les dépenses de cette organisation, n'est-il pas juste qu'à leur tour elle leur profite? Doivent-ils être laissés individuellement responsables de ces faits brutaux, supérieurs à leur volonté et à leur prévoyance, et l'État, en établissant l'assurance obligatoire, n'acquitte-t-il pas rigoureusement vis-à-vis d'eux la dette qu'il a contractée en proclamant leur responsabilité? Enfin, cette assurance n'est-elle pas un contrat équitable entre les patrons et les ouvriers, si, comme dans la loi autrichienne par exemple, les secours et les pensions sont exactement calculés sur les primes; si par suite chacun, suivant un mot de M. Léon Say, reçoit en fin de compte « ce qui lui est dû, rien de plus, rien de moins ». Il n'y a pas là injustice, il n'y a pas là servitude; il y a prévoyance collective, obligatoire, il est vrai, mais comme l'est tout impôt, et tout impôt n'est-il pas une assurance obligatoire pour toutes les catégories de citoyens auxquels l'État donne en revanche l'ordre, la sécurité et la liberté ?

Vous avez, Messieurs, entendu les deux thèses. Nous les avons présentées aussi impartialement qu'il nous a été possible de le faire. Nous les livrons à votre discussion.

M. BOMPARD. — Je crois que l'ouvrier blessé devrait pouvoir s'adresser à une juridiction spéciale qui ne serait pas onéreuse, afin de pouvoir rapidement obtenir justice.

M. VILLAIN. — Quand l'intervention de l'Etat n'est pas réclamée, la responsabilité des personnes qui sont en jeu est illimitée; au contraire, aussitôt que nous voyons intervenir l'Etat, nous voyons restreindre cette responsabilité, et cela est loin d'être en faveur de ceux qu'elle a envie de protéger.

M. BEURDELEY. — Nous devons chercher à abréger les délais de procédure. Mais il y a aussi la question de la gratuité.

L'assistance judiciaire elle-même ne met pas l'ouvrier au même niveau que celui qui peut payer un avocat et un avoué. Malgré toute la bonne volonté des stagiaires, ils n'ont pas l'expérience voulue pour conduire des procès très délicats.

Les procès en matière d'accidents vont régulièrement devant le tribunal civil et devant la Cour d'appel. On s'est demandé s'il n'y a pas lieu de créer un tribunal spécial pour les accidents.

On dit : mais il y a un tribunal tout fait pour cela. C'est le conseil des prud'hommes.

Je croyais cela, moi aussi, mais alors que je ne connaissais pas les prud'hommes. Depuis quelques années, certains conseils de prud'hommes ne montrent pas assez d'équité et pas assez de justice. On impose aux conseillers un mandat impératif, consistant à donner toujours raison à l'ouvrier contre le patron. Il y a aussi un certain comité de vigilance naturellement composé de vigilants qui suivent les prud'hommes au cours de leurs travaux judiciaires, qui les réprimandent, et comme il y a une petite rétribution pour ces fonctions de prud'hommes, on les casse aux gages, car ils doivent donner avant leur nomination leur démission en blanc.

Néanmoins, je crois que l'on ne doit pas renoncer à l'idée d'avoir un tribunal spécial pour les affaires d'accidents, qui pourrait statuer au moins en première instance.

M. NEUBOURG. — D'après la loi de 1851, l'assistance judiciaire n'est pas obligatoire. Actuellement, il faut qu'il y ait un rapport favorable de la part du rapporteur dans chaque affaire déterminée.

Un membre. — Tout le monde déclare que la justice n'est pas assez expéditive. On devrait donc améliorer le système judiciaire en France.

M. BEURDELEY. — D'après le droit civil, chacun est responsable de sa faute, mais si l'accident est arrivé par la faute de l'ouvrier, le patron est déchargé de toute espèce de responsabilité. C'est le patron qui est forcé de faire la preuve qu'il n'a pas commis de faute. Ce qu'il y a de grave dans les projets soumis au Parlement, c'est que l'on sorte de cette grande idée du Code civil pour distinguer entre les personnes, et pour dire que les ouvriers doivent être protégés en dehors des autres citoyens.

Je vous disais tout à l'heure qu'il y a dans la législation étrangère un système qui consiste à prévoir les cas particuliers qui peuvent se présenter. Notre Droit est plus élevé, plus général, en ne prévoyant que les principes.

Si je suis bien informé, dans le Droit allemand, on avait fait je crois 356 articles sur la responsabilité. Parmi ces articles il y en a de bien singuliers. Il y en a un qui dit : « toute personne qui aura défiguré une femme non mariée lui devra une dot à titre d'indemnité ». Par contre, si la personne est mariée on ne lui doit rien du tout.

Un autre exemple : le même droit prussien dit : vous savez qu'on est responsable des ouvriers, des animaux qu'on a à sa garde. Le droit allemand dit : lorsqu'une personne a été victime d'un accident causé par un animal appartenant à autrui, cette personne est tenue de l'indemniser à moins qu'elle ne préfère abandonner l'animal auteur de l'accident. Voyez-vous un homme blessé par un chien enragé ou un lion de dompteur : il ne tiendra guère à ce qu'on lui abandonne l'animal.

Notre Code civil pose des principes qui sont absolus. Le patron responsable de sa faute doit payer l'intégralité du dommage causé à l'ouvrier. Si l'ouvrier est en faute, il en subit l'inconvénient. Lorsque la faute est partagée, le patron ne paie que la moitié de l'indemnité.

En dehors de ces deux cas, il y en a un autre intéressant : c'est le cas fortuit. Voici un cocher qui reçoit un coup de pied lui cassant la jambe. Il se présente devant les tribunaux et n'obtient rien. L'animal n'est pas vicieux, c'est un hasard, une circonstance fortuite, ce qu'on appelle un risque professionnel.

Un employé de chemin de fer est tamponné en voulant attacher un wagon. La compagnie le paie quelquefois à titre gracieux, mais elle n'y est pas obligée. Il est certain que ce n'est pas logique. J'ai été consulté par un ancien employé de chemin de fer au sujet de l'état de tremblottement qui lui venait des trépidations subies pendant de longues années. Il voulait demander à la Compagnie une indemnité. Je lui ai dit : vous perdrez certainement. Il n'y a pas de faute de la part de la Compagnie : c'est un risque professionnel.

Il y a lieu de s'occuper de ces cas fortuits, de ces risques professionnels, de ces cas de force majeure.

M. Fournier de Flaix. — Combien y avait-il autrefois d'usines contenant deux cents personnes ? Nous pourrions en faire facilement l'inventaire. Les rédacteurs du Code civil n'avaient aucune idée de l'importance qu'allait prendre l'industrie. Il faut donc prendre les faits nouveaux. Il ne faut pas voir l'ancienne société, mais la nouvelle. Il y a des accidents qui ne sont imputables à personne. A la société d'économie politique, un ingénieur chargé par une compagnie d'assurances de faire une grande enquête sur les accidents, nous disait qu'il était effrayé de leur nombre. La veille, le directeur de l'usine Say, à Paris, avait eu la main gauche coupée. C'est au patron à réparer les accidents.

M. Louvot. — Je trouve, en effet, que notre Code civil ne peut convenir à l'état actuel de notre industrie. Je ne suis pas d'avis que le patron doit être responsable à l'exception de l'ouvrier. A des besoins nouveaux, il faut chercher des lois nouvelles.

En cas d'accident, c'est l'Etat qui devrait donner des secours à celui qui en est la victime.

Le préjudice devrait être établi par une sorte de jury, composé de patrons et d'ouvriers chargés d'apprécier la gravité de l'accident et la part de responsabilité qui incombe aux patrons. L'intervention des pouvoirs publics pourrait être très utile. Je suis de l'avis de M. Menier, qui croit que l'Etat doit intervenir toujours en cas d'accident, et c'est pour cela qu'il est partisan de l'impôt sur le capital, afin qu'il y ait une part pour ces risques sociaux et pour ne pas laisser cette charge à l'assistance publique.

M. VILLAIN. — Il faut que chaque individu soit responsable des actes commis. Mais l'industrie n'est plus ce qu'elle était autrefois. Il faut que la responsabilité du patron et de l'ouvrier s'arrête devant ce qu'on a appelé les risques professionnels. Ceux qui travaillent dans les allumettes, dans les mines, etc., etc., sont sujets à des perturbations très graves dans leur organisme. Les publicistes eux-mêmes ont l'anémie cérébrale.

Est-ce la faute des patrons ? Est-ce l'Etat que vous allez rendre responsable ? Il est de notoriété publique que beaucoup de professions amènent des maladies. Mais, Messieurs, cela se paie par une augmentation de salaire. Nous reconnaissons, nous, libéraux, nous, économistes, que c'est aux ouvriers à se syndiquer pour s'assurer à un moment donné contre cela.

M. COURTOIS. — Je crois, en effet, que les pouvoirs publics n'ont pas à intervenir.

M. GRUNIER. — Ce n'est pas mon avis. Dans la chapellerie, l'ouvrier absorbe du mercure et meurt jeune. Le patron n'est pas responsable. Mais pour les accidents spéciaux, c'est différent.

Il ne faut pas demander des choses impossibles pour les ouvriers, mais il est certain qu'il sera plus facile au patron de faire la preuve qu'à un ouvrier qui sera dans son lit. J'ai des amis à la chambre syndicale des scieurs à la mécanique. A presque tous il manque un doigt. Le président me disait : les assurances donnent à peine de quoi vivre pendant un mois et de quoi se soigner, puis il faut leur faire des procès.

Un de mes parents avait un bateau assuré 8000 fr. Ils ont tout perdu et ont failli mourir. L'assurance leur a promis beaucoup. On leur a fait signer un papier constatant qu'on allait faire estimer le bateau avant l'accident et on le leur a payé 4000 francs. Je crois qu'il serait préférable de mettre la preuve à fournir à la charge des patrons.

M. CARRET. — Je crois que le nombre des accidents diminuerait si les patrons avaient à les payer. Il me semble que la législation agirait sagement en faisant porter sur les patrons une part notable des risques courus par les ouvriers.

M. DONNAT. — Ne pensez-vous pas qu'en adoptant ce principe il y aurait une diminution du salaire de l'ouvrier ? Le jour où l'ouvrier n'aurait plus aucun risque à courir, son salaire pourrait diminuer.

M. CARRET. — Lorsqu'un impôt frappe une denrée, elle augmente pendant quelque temps. Si l'impôt vient à être supprimé, l'acheteur continue à payer l'impôt. Si l'on mettait à la charge des patrons la somme à payer en cas d'accidents, le patron rejetterait ce fardeau sur l'ouvrier lui-même en diminuant les salaires, mais pas dans des proportions égales à la somme payée par lui patron. L'assurance ne devrait pas décharger complètement les patrons. Il n'y aurait pas autant d'accidents si les cochers ne s'assuraient pas contre les accidents dont ils sont la cause. Il ne faudrait pas que les patrons puissent s'assurer de façon à être complètement déchargés des accidents.

Un membre. — Les industries les plus dangereuses sont les moins rétribuées. Le mineur ne choisit pas son industrie, il naît mineur ; il en est de même du marin, etc.

M. KEUTIER. — Je suis un petit patron, et il serait regrettable, parce que l'ouvrier n'aura pas fait attention, que je sois obligé de fournir la preuve.

M. BEURDELEY. — En voulant trop protéger l'ouvrier, il ne faut pas porter atteinte aux intérêts des petits patrons. Vous pouvez ruiner un petit patron si un ou deux accidents se produisent chez lui. L'assurance est précisément un remède organisé non seulement en faveur de l'ouvrier, mais aussi en faveur du petit patron.

M. LAFFITTE. — La grande famille française doit soigner tous ses membres. Il est donc juste que chaque citoyen paie sa part des accidents et cela suivant sa position.

Un membre. — Il faut que les patrons et les ouvriers participent tous aux accidents, dans la mesure de leurs moyens. Les chambres syndicales ouvrières devraient créer des assurances. C'est toujours la prévoyance qui manque à l'ouvrier, mais il faut que les patrons fassent des sacrifices. L'initiative de ces caisses de prévoyance devrait peut-être venir des chambres syndicales patronales. Je crois qu'il ne faut pas demander le concours de l'État.

M. CALS. — A Albi, les ouvriers de la chapellerie, par exemple, gagnent 2 francs par jour et ils ne pourraient pas encore verser à la caisse d'assurances.

Un membre. — J'ai proposé autrefois, il y a 25 ans, ce système de caisse de prévoyance aux ouvriers. Ils n'ont pas voulu suivre mes conseils et j'ai été obligé de les faire assurer.

M. VILLAIN. — Si l'assurance est obligatoire, c'est toujours, en définitive, l'ouvrier qui paiera directement ou indirectement.

Un membre. — Je ne le crois pas.

M. VILLAIN. — La somme que le patron paiera, il la prendra sur ses frais généraux; mais par un jeu d'écritures, le salaire de l'ouvrier en subira la conséquence fatale.

M. FOURNIER DE FLAIX. — Je suis partisan de la collaboration de l'ouvrier à l'assurance obligatoire, et c'est par là seulement que nous élèverons la condition de l'ouvrier.

M. CARRET. — Le patron ne peut pas faire supporter le prix de l'assurance à ses ouvriers, il ne peut pas diminuer leur salaire. Mais si le patron est forcé d'assurer ses ouvriers, ces derniers, au bout d'un temps très court, supporteront, grâce à une diminution de salaire, la presque totalité de l'assurance. Je crois qu'on pourrait diviser l'assurance entre le patron et l'ouvrier, disent un grand nombre de personnes. Moi, je crois que les patrons seuls doivent payer l'assurance.

M. LOUVOT. — Il eût été très désirable d'apporter ici une statistique des accidents et de les classer suivant les risques professionnels, suivant les différentes industries. Je n'ai pu rencontrer nulle part ces documents-là.

L'assurance n'arrivera pas au but que l'on poursuit, car elle fait négliger certaines précautions pour éviter des accidents. Je demande que la réparation des accidents soit à la charge de l'État.

M. COURTOIS. — Je ne sais pas si ce ne serait pas rabaisser la dignité de l'ouvrier que de venir lui rendre l'assurance obligatoire.

En outre, si un patron assure ses ouvriers, les paiera-t-il autant qu'un autre patron?

Un ouvrier dira : voici deux maisons dont l'une assure et l'autre n'assure pas ses ouvriers; je vais aller de préférence chez celle qui assure. — Je crois donc que l'assurance ne doit pas être obligatoire.

Mᵐᵉ LOUISE KOPE. — Je tiens à dire un mot en réponse à ce que vous appelez la dignité de l'ouvrier. L'État lui-même fait une retenue à ses employés. Ces employés ont-ils donc moins de dignité que l'ouvrier? Tous les patrons devraient dire : nous retiendrons 2 ou 5 centimes à nos ouvriers et le jour où ils quitteront nos maisons, nous leur remettrons cette somme ou nous la leur placerons. Et parce qu'on retiendrait quelque chose à l'ouvrier, il ne perdrait rien de sa liberté, puisque l'État agit de la même façon vis-à-vis de ses employés.

Un membre. — Je crois qu'il est préférable de faire participer l'ouvrier à l'assurance. Les patrons et les ouvriers doivent faire des sacrifices, mais il faut que l'assurance soit obligatoire. On pourrait faire pour les syndicats professionnels des assurances mutuelles.

M. ROUSSEAU. — L'ouvrier pourrait toujours être responsable de moitié et le patron de moitié dans les accidents. Il n'y aurait plus donc qu'à établir un tableau fixant les accidents, et le juge de paix pourrait classer l'accident dans la catégorie à laquelle il appartient et fixer le chiffre de l'indemnité. On arriverait ainsi à sauvegarder la dignité du patron et de l'ouvrier.

M. Villain. — L'assurance obligatoire, sous quelque forme qu'elle se produise, comporte nécessairement une réduction de salaire. La valeur d'un produit est une valeur déterminée. Elle a une contre-partie, cette valeur. Un fabricant de chaises reçoit la matière première, les frais généraux de l'industrie, etc. La somme représentative comprendra le travail manuel, les matières premières et ensuite le bénéfice net de l'industriel.

Il y a là deux éléments irréductibles : la valeur de la matière première, les frais généraux et deux éléments variables : le salaire de l'ouvrier et le bénéfice du patron.

Or, vous venez y joindre un élément nouveau : le caractère obligatoire de l'assurance. Croyez-vous que cet impôt sera pris sur les bénéfices nets de l'entrepreneur? Il ira réduire le salaire de l'ouvrier.

Comme employé de l'État pendant deux ans et demi, j'ai été soumis à la retenue de 5 %. On m'a retenu mon premier mois de traitement, soit 100 francs, puis 5 francs par mois. J'ai donc versé dans la caisse de l'État 250 francs. Si vous ne voyez pas là une diminution de mon salaire, je vous demanderai si vous y voyez au contraire une augmentation.

Mme Louise Kope. — Il me semble que l'ouvrier ne serait pas forcé de subir les frais généraux du patron. Ce n'est pas juste. Si le patron a des frais généraux, il doit chercher à obtenir plus de commandes, mais ce n'est pas une raison pour diminuer le salaire de l'ouvrier. L'ouvrier s'assurerait difficilement si son salaire devait en souffrir.

M. Neubourg. — Il me semble, en effet, que pour assurer ses ouvriers, le patron sera obligé de diminuer le coût de la production en rognant sur la main d'œuvre.

M. Léon Bourgeois. — En m'excusant de n'avoir pas été là au début de la séance, je vous demande la permission de dire très brièvement comment je comprends cette question.

La question la plus importante est celle-ci : l'assurance doit-elle être facultative ou obligatoire? On a discuté cette question en se plaçant au point de vue de la liberté, des frais généraux et des salaires des ouvriers. Je suis d'avis qu'il y a répercussion des charges de l'assurance sur tous les éléments, quels qu'ils soient, qui concourent à la production.

On est donc amené à l'assurance obligatoire, mais obligatoire pour les patrons comme pour les ouvriers.

Dans la loi allemande, on n'a pas osé dire que l'ouvrier était appelé à contribuer à la caisse d'assurances, mais en fait il y a contribué : c'est dans la combinaison des caisses d'assurances contre les maladies et contre les accidents. Les accidents sont à la charge des patrons, et les maladies à la charge des patrons et des ouvriers. Pendant un mois, les secours pharmaceutiques, médicaux, doivent être pris à la caisse des maladies à laquelle subvient l'ouvrier.

La loi autrichienne a été plus loyale et meilleure. Elle a dit : Faisons contribuer les deux parties en cause. Mettons 9/10 à la charge des patrons et 1/10 à la charge des ouvriers.

On parlait tout à l'heure de la dignité de l'ouvrier. Mais c'est l'échange d'un service contre un service. C'est la déclaration d'un homme libre de s'assurer dans des conditions déterminées. Aucun de nous n'accepterait de pension de retraite s'il n'avait pas versé de retenue dans les caisses de l'État. Si vous n'associez pas l'ouvrier aux charges de la caisse, on le regardera comme le mendiant auquel on fait la charité.

Cette prime d'assurance doit être obligatoire et de telle façon que les deux parties en présence puissent concourir à la création de la caisse et en retirer les bénéfices.

M. Louvot. — Pour ne pas décourager les patrons, je demande que l'accident du travail soit un impôt à la charge de l'État.

La séance est levée à six heures et demie.

SEPTIÈME SÉANCE

Jeudi 4 juillet 1889

La séance est ouverte à 10 heures du matin.

M. DONNAT. — La parole est à M. Veyssier, sur les privilèges divers, avances ou subventions aux sociétés ouvrières.

M. VEYSSIER. — Les associations coopératives ouvrières doivent, pour prospérer, chercher leur point d'appui dans la clientèle privée. Cette vérité repose sur l'expérience des faits. En remontant au début des associations de ce genre, c'est-à-dire à 1848, nous pouvons établir des points de comparaison certains. En 1848, l'Assemblée nationale vota un crédit de trois millions de francs pour encourager la création de coopératives de production et les aider à se développer. Cette subvention en fit naître un nombre relativement élevé, tant à Paris que dans les départements. Or, il est à remarquer que presque toutes ces associations ont sombré, malgré les avantages qui leur ont été alloués. Il est vrai que les circonstances politiques n'ont pas été étrangères à leur déconfiture ; et il faut ajouter que l'inexpérience des ouvriers de cette époque, en matière de production directe, a beaucoup contribué à leur insuccès. On croyait alors que le travail était tout et le capital rien. Aujourd'hui, on est revenu de cette hérésie économique, et on fait entrer en ligne de compte le capital, qui est indispensable dans toute entreprise, de quelque nature qu'elle soit.

Un peu plus tard, après mûres réflexions, d'autres associations se sont fondées, grâce à la ténacité de trois ou quatre qui ont surnagé au naufrage de 1848. Chose digne d'être observée, les survivantes n'avaient que peu ou point bénéficié des subventions de l'État ; elles avaient cherché dans la clientèle privée leurs moyens d'existence. Telles sont les associations des lunetiers et des tailleurs de limes.

En 1864, un groupe d'ouvriers tailleurs voulut suivre les traces de ces pionniers de la coopération. Les membres qui le composaient ont dû lutter énergiquement et vaincre beaucoup de préjugés. Néanmoins, ils ont pu surmonter toutes les difficultés inhérentes à leur entreprise, et ils ont prospéré. Là encore, point de subvention ni de travaux privilégiés. Le mouvement coopératif resta stationnaire jusqu'en 1882.

Les questions économiques avaient pris un nouvel essor et il s'agissait de passer de la théorie à la pratique.

M. Waldeck Rousseau, étant ministre de l'intérieur, institua une Commission parlementaire, dont le but était de rechercher les moyens de grouper les ouvriers en associations coopératives. Sous cette impulsion, une trentaine d'associations ouvrières se sont formées. On les a beaucoup encouragées, soit en avance d'argent, soit en travaux privilégiés. Eh bien! parmi tous ces nouveaux groupements, quelques-uns seulement ont assuré leur existence ; les autres ont sombré en laissant après eux un passif plus ou moins élevé.

Pourquoi ces désastres? Parce que le plus grand nombre de ces groupements ont compté absolument sur l'intervention de l'État ou de la ville de Paris, pour obtenir du travail ; et lorsque l'État ou la ville de Paris, qui ne peuvent se faire la Providence de personne, n'ont pu leur donner des commandes, ils ont été acculés à la dissolution ; tandis que les quelques-uns dont nous parlons, et parmi lesquels nous pouvons citer les charpentiers de la Villette, ayant cherché dans la clientèle privée de l'occupation pour leurs membres, ont trouvé là une pierre d'attente pour parer au défaut d'exécution de travaux publics. Cette initiative les a classés, devant les clients ordinaires, au nombre des entrepreneurs, avec cette différence qu'ils avaient un caractère collectif, et étant connus sous cet aspect, ils ont vécu de la vie de tous les entrepreneurs.

S'écarter de ces données, c'est se dévoyer du domaine positif, et la preuve, c'est que les associations qui se sont bornées aux travaux publics ont végété, puis succombé lorsque ces travaux leur ont manqué.

D'ailleurs, les entreprises communes sont une question de pratique nécessaire. Elles apprennent aux ouvriers à compter surtout sur eux-mêmes et à parer aux éventualités que tout industriel et tout commerçant est exposé à subir ; c'est une nécessité imposée par les affaires, et quiconque s'en départit est le jouet des fluctuations industrielles et commerciales. Au surplus, puisqu'il est passé en proverbe que la concurrence est l'âme du commerce et de l'industrie, où serait donc l'essor individuel, collectif et même national, si l'État devait suffire à tous les besoins? Il faut que l'individu, isolé ou associé, apporte sa quote part d'efforts dans tout ce qui constitue l'essence de toutes les organisations, qu'elles soient individuelles ou collectives, et la véritable base du succès d'une association est celle qui prend son appui dans la clientèle ordinaire.

Les associations qui ne comprendraient pas cette vérité élémentaire s'exposeraient à faire fausse route et à subir le sort de celles qui ont déjà disparu.

On doit leur donner les mêmes droits, on doit leur offrir les mêmes avantages qu'aux entrepreneurs particuliers devant toutes les adjudications de travaux publics.

En outre, comme les membres qui composent un groupement important sont plus intéressants qu'un entrepreneur particulier, par la raison bien simple qu'en favorisant une association de deux cents personnes, par exemple, l'État ou les villes étendent leurs bienfaits sur un nombre plus grand de citoyens et de familles, nous admettons que les concessions de gré à gré leur soient accordées de préférence dans une certaine mesure, mais nous constaterons que les privilèges divers, avances ou subventions aux associations ouvrières, n'ont pas été un élément de succès pour elles, et nous estimons qu'aucune ne peut vivre et prospérer sans chercher son ancre de salut dans la clientèle privée.

Un membre. — Un certain nombre d'entrepreneurs ont protesté, comme ils devaient le faire, contre les privilèges accordés aux associations collectives. Je dois dire, à l'honneur de certaines grandes maisons de Paris, qu'elles n'ont pas voulu accepter des privilèges, préférant les conditions d'un cahier des charges.

M. Delahaye. — Je demanderai à M. Veyssier quelle est la différence qu'il y a entre un privilège en argent et un autre donné de gré à gré.

M. Veyssier. — A côté des travaux qui se donnent en adjudication et qui ont une certaine importance, il y en a d'autres qui ne sont pas soumis à cette formalité et que l'on donne de gré à gré aux entrepreneurs. Cela a toujours existé.

Mais depuis que les associations ouvrières existent, on aurait pu leur confier ces travaux dans une certaine mesure, de façon à ne pas toujours favoriser les patrons. Mais si des travaux qui, d'après le règlement, doivent être soumis à l'adjudication, étaient concédés à des ouvriers, je ne verrais aucune différence entre un don en argent et ces travaux concédés ainsi de gré à gré.

M. Delahaye. — A la fin de l'Empire surtout, on donnait des travaux très importants à des entrepreneurs privilégiés, mais le Conseil municipal a fait disparaître cela.

M. Veyssier. — Il a toujours été d'usage de donner des travaux à des entrepreneurs lorsqu'ils ne sont pas assez importants pour une adjudication; mais lorsqu'il y a un contrat passé avec la Ville, il est certain qu'alors ce n'est pas une concession de gré à gré : c'est tout bonnement l'exécution d'un contrat.

M. Delahaye. — L'entrepreneur a le droit d'exécuter tous les petits travaux. Mais comment voulez-vous qu'il fasse un procès lorsqu'il s'agit d'un travail de 300 fr. ?

M. Veyssier. — Il n'y a pas d'exemple de travaux de 300 fr.

M. Delahaye. — J'ai vu envoyer un homme, pour poser une planche, aux Batignolles.

M. Veyssier. — Jamais on n'a donné, à des associations ouvrières, un travail pris aux entrepreneurs. Vous devez savoir que dans les adjudications qui se font tous les 3 ans, il ne s'agit que des travaux d'entretien. Pour les travaux neufs, la Ville se réserve le droit de les donner de gré à gré ou de les soumettre à l'adjudication.

M. Delahaye. — Le cahier des charges dit: pour être adjudicataire de la ville de Paris, on doit faire des travaux neufs inférieurs à 20,000 francs pour la maçonnerie et 10,000 francs pour les autres parties.

M. Villain. — Il y a deux points à distinguer : les travaux neufs et ceux d'entretien. Lorsqu'un adjudicataire a soumissionné pour des travaux d'entretien, il est incontestable qu'on violerait le cahier des charges si on retirait ces travaux pour les donner à une association ouvrière.

Les travaux neufs se divisent en deux parties : ceux qui doivent être mis en adjudication, dépassant 20,000 francs, et les autres au-dessous de 20,000 francs. Pour ces travaux, il y a une sorte de privilège accordé aux concessionnaires des ouvrages d'entretien.

M. Delahaye. — Les entrepreneurs soumissionnent bien plus en vue des travaux neufs au-dessous de 20,000 francs que pour les travaux d'entretien. L'adjudicataire des travaux d'entretien d'égout a le droit de faire tous les travaux au-dessous de 40,000 francs. Pour justifier cette clause, on dit: l'entrepreneur d'égout est forcé d'avoir un matériel considérable et des ouvriers toujours prêts à réparer un trou dans un égout. Il en est de même du reste.

M. Villain. — On ne peut pas admettre qu'un certain nombre de travailleurs, groupés en société coopérative, aient des privilèges considérables. Les esprits libéraux, soucieux de la légalité, ne peuvent que protester contre cela.

M. Nottelle. — Est-ce que les associations ouvrières qui soumissionnent sont soumises à l'impôt de la patente?

M. Veyssier. — Elles paient patente tant qu'elles ne sont pas en liquidation.

M. Nottelle. — Je viens apporter, si on veut bien me le permettre, un autre élément de discussion : quelques observations générales sur les privilèges qui jouent un rôle si important dans les difficultés sociales, observations toujours utiles pour placer sous leur vrai jour les questions particulières de même ordre. Je serai d'ailleurs très bref, selon mon habitude.

Je ne comprends pas que, dans une démocratie, les privilèges puissent être même l'objet d'une question. Si la démocratie ne s'identifie pas à la justice, elle cesse d'exister, et privilège est synonyme d'iniquité.

Tout privilège en effet, le nom l'indique, est une loi édictée au profit de certains intérêts privés, mais, par une corrélation rigoureuse, au préjudice des autres intérêts privés qui n'en ont pas obtenu, car le privilège représente une valeur vénale que le législateur, au mépris de la justice, prend à la masse des citoyens pour en gratifier quelques autres.

Dans le désarroi moral et le trouble intellectuel provoqués par le sinistre dogme de la lutte pour la vie, et les odieuses compétitions politico-sociales, ceux qui subissent le dommage, au lieu d'en demander la réparation aux exigences de l'intérêt général, ne pensent qu'à réclamer pour eux-mêmes, à cor et à cris, les privilèges qu'ils voient répandre autour d'eux, sans que gouvernants ou gouvernés songent à faire cette réflexion si simple : que créer des privilèges pour le plus grand nombre, est tout bonnement une impossibilité. Et vous voyez que de là, Messieurs, découle déjà une conséquence qui se rattache au point de départ de notre étude. Dans cette chasse aux privilèges, l'État qui les distribue est sollicité à étendre son ingérence abusive par les populations elles-mêmes, dont elle viole la dignité et les intérêts.

Il est si vrai pourtant qu'il y a impossibilité absolue à donner des privilèges à tout le monde, que quand leur multiplicité dépasse certaines limites, il se produit des crises, des perturbations qui acheminent peu à peu vers une catastrophe.

Ici encore, on est conduit à un de ces rapprochements historiques dans lesquels on trouve toujours de salutaires leçons.

En 89, des hautes classes où ils étaient héréditaires, les privilèges étaient descendus dans toutes les populations citadines, jusqu'aux modestes corporations ouvrières, excluant, mais excluant d'une façon absolue, les masses agricoles qui, seules, en portaient tout le fardeau.

Aussi, chez ces déshérités, la misère et l'irritation avaient atteint le paroxisme ; et quand éclata la revendication qui devait produire de si grandes choses, les campagnes y préludèrent de tous côtés par des révoltes et des violences, aussi douloureuses pour la patrie que pour l'humanité.

Je reviens à la question pendante, et quelques mots suffisent maintenant pour en justifier la solution.

Voter des avances et des subventions à des associations d'ouvriers, est en apparence une mesure très démocratique, propre assurément à séduire les masses ouvrières. Rien de mieux, on distribuera des privilèges à des associations ! Mais auxquelles ? car il est matériellement impossible d'en donner à toutes. Et l'argent destiné aux élues, où le prendra-t-on ? Dans le budget probablement. Mais le budget ne tombe pas du ciel, il se puise dans la poche des contribuables ; de sorte que, pour payer des privilèges octroyés à des catégories d'ouvriers qui veulent et peuvent s'associer, l'argent nécessaire sera en bonne partie soutiré, par les impôts de consommation, aux masses d'ouvriers à qui leur situation précaire ou trop pénible rend l'association impossible.

Est-ce que, aux observations ou plutôt aux constatations qui précèdent, il peut y avoir d'autre conclusion que celle-ci ? Proscrire la création de nouveaux privilèges, quels qu'ils soient et sous quelque prétexte que ce soit, et se délivrer le plus tôt possible de ceux qui sont déjà une menace pour la société ; car prenons garde, la maladie des privilèges est contagieuse, et si nous la laissons continuer à sévir, elle ne tardera pas à créer une situation, qui, sans doute, dans d'autres conditions et sous d'autres formes, ne manquera pas de points de ressemblance avec celle qui soulevait tous les cœurs la veille de 89.

On vient de dire que les industriels, peu soucieux de l'intérêt des ouvriers français, approuvent la concurrence que viennent leur faire chez nous les ouvriers étrangers, tout en s'ingéniant, par le protectionnisme, à fermer nos frontières aux produits étrangers qui font concurrence aux leurs. Je réponds : que je suis industriel fabricant de produits protégés, que je n'en suis pas moins libre-échangiste énergique, que depuis 1872, je n'ai cessé de proclamer, par la parole et par les écrits, le droit pour les masses ouvrières d'arriver à des conditions meilleures ; et qu'au Congrès *de la Société française pour l'avancement des sciences*, dans un mois, j'essaierai de prouver péremptoirement que si ce mouvement ascensionnel, salutaire et exigé par l'ensemble des conditions actuelles ne s'accomplit pas, la faute en est avant tout au *protectionnisme* qui reste le plus dangereux ennemi de l'esprit moderne.

M. Louvot. — Nous avons vu des banques s'établir pour faciliter le développement des associations de protection. Nous avons vu également le legs Rampal. Des prêts ont été faits à différentes associations, et il est à remarquer que la plupart d'entre elles n'ont pu rembourser le prêt qui leur a été fait.

M. Villain. — Dans un ouvrage publié en 1848, on constate que les subventions d'État ont eu pour premier effet d'affaiblir l'initiative individuelle. Immédiatement, il y a eu décroissance dans l'activité. Cela n'a pas été observé par les économistes, mais par les présidents et vice-présidents des sociétés coopératives de 1848 ou 1849. Je suis persuadé que si une enquête semblable était faite pour le legs Rampal, on trouverait les mêmes résultats.

M. Gruhier. — Un ouvrier appartenant à une société non privilégiée ne voit pas d'un bon œil les sociétés privilégiées. En outre, il y a l'élément révolutionnaire qui, pour jeter l'ouvrier dans une voie funeste dit : vous êtes à la merci des exploiteurs du capital ; vous n'en sortirez jamais. Le seul moyen c'est la révolution sociale. Il faut vous enrégimenter sous nos drapeaux et nous arriverons à faire une meilleure répartition de la richesse publique, du sol, des machines, etc., en dépossédant les capitalistes. A côté, il y a une autre école dont font partie les chambres syndicales, et qui dit : halte là ! c'est une pente dangereuse, il faut réagir ; nous sommes des ouvriers travailleurs, nous voulons qu'on respecte nos droits, mais nous voulons rester sur le terrain légal. Il s'est trouvé des hommes comme MM. Waldeck-Rousseau, Jules Ferry, qui ont dit : encourageons ce mouvement, mais il n'est jamais entré dans leur pensée de donner des privilèges.

Vous voulez vous associer, mais il faut un capital, il faut avoir une certaine surface, et vous ne pouvez pas demander ce capital à votre voisin. Vous ajoutez que vous avez un capital manuel, mais pas du tout. Vous aurez ce capital manuel du jour où vous travaillerez, mais si vous ne travaillez pas, il disparaît.

A côté de la protection il y a le commerce, il faut vendre ces marchandises.

Un membre. — M. Delahaye s'est étonné tout à l'heure de ce que l'on donnait de préférence certains travaux aux sociétés coopératives, mais pourrait-il nous dire à qui il faudrait les donner ?

M. Delahaye. — On mettrait les noms dans un chapeau, comme cela se fait partout. Dans les travaux du bâtiment, qui roulent sur des centaines de mille francs, il faut avoir à faire à un homme responsable pendant dix ans.

M. Veyssier. — Dans ce cas, une association coopérative se trouve placée sur le même pied qu'un entrepreneur. La société des lunettiers possède des millions. Sans doute, une société peut faire faillite et disparaître, mais un entrepreneur aussi. Il est vrai que les associations coopératives du bâtiment, fondées depuis plusieurs années, n'ont pu encore réussir à ramasser des capitaux assez considérables.

M. Delahaye. — L'association des charpentiers de la Villette réussit bien.

Un membre. — Et la société des maçons.

M. Donnat. — La parole est à M. Louvot, sur la protection du travail national contre le travail étranger.

Protection du Travail national contre le Travail étranger

1° Limitation du nombre des ouvriers étrangers dans les ateliers publics et privés ;

2° Taxes d'entrée et de séjour sur les ouvriers étrangers.

MESSIEURS,

La question à l'ordre du jour est des plus passionnantes. Elle soulève une foule de problèmes économiques qui divisent les esprits, aussi bien dans les masses que dans les régions gouvernementales.

Dans un congrès qui se réunit à l'occasion de la célébration du centenaire de notre grande révolution de 1789, permettez-moi de placer cette discussion sous le patronage du grand homme qui a provoqué la Réunion des États généraux et qui a joué un rôle si considérable dans l'assemblée nationale, DE MIRABEAU, qui, s'il eût vécu plus longtemps, eût donné à l'organisation économique de la France une direction prudente mais ferme, une orientation conforme aux principes qu'il proclamait et qu'il résumait dans ces mots : LIBERTÉ DES HOMMES, LIBERTÉ DES CHOSES.

« *Si le projet, disait-il, de réclamer hautement les grands principes*
« *de liberté est un de ceux qui entraînent le plus fortement un ami*
« *des hommes, aussitôt qu'il veut passer à l'exécution, il se trouve*
« *placé entre des écueils. La vérité commande de tout dire et la*
« *sagesse invite à temporiser. D'un côté, la force de la justice porte*
« *à franchir les timides considérations de la prudence ; de l'autre, la*
« *crainte d'exciter une fermentation dangereuse alarme ceux qui ne*
« *voudraient pas acheter le bien de la postérité au prix des malheurs*
« *de la génération actuelle.*

« *Le philosophe, qui travaille pour le temps et qui, dans son époque,*
« *ne s'adresse pas à la multitude, doit venger l'humanité sans ména-*
« *gement ; sa circonspection serait faiblesse, ses égards, lâcheté ; sa*
« *tolérance prévarication. Mais l'homme d'État qui agit sur tous et,*
« *dans un moment donné, s'assujettit à une marche plus mesurée ; il*
« *ne livre des armes au peuple qu'en lui apprenant à s'en servir.* »

C'est dans cet esprit, Messieurs, que nous avons dicté les diverses

questions de notre programme et que nous étudierons l'intervention
des pouvoirs publics pour la protection du travail national contre le
travail étranger.

Cette question est née dans le parti ouvrier. Ce sont les journaux de
ce parti et, à leur suite, les syndicats ouvriers qui ont obligé le Parlement, le conseil municipal de Paris et les conseils de plusieurs grandes
villes à demander l'intervention de l'Etat et des municipalités pour
écarter les ouvriers étrangers des chantiers nationaux.

Tout le monde est d'accord sur la nécessité de protéger les travailleurs ; mais il y a protection et protection. Les moyens proposés sont-
ils une protection réelle ? auront-ils l'efficacité que l'on promet aux
ouvriers.

C'est là ce que notre congrès doit examiner en se plaçant au point
de vue de l'homme d'Etat, ainsi que le demande Mirabeau dans la cita-
tion que j'ai faite au début de cet exposé.

A la Chambre des députés, le rapport de M. Pradon, du 2 février 1888,
examine trois projets de lois : l'un de M. THIESSÉ, tendant à soumettre
à une *taxe de séjour* les employés et ouvriers de nationalité étrangère
exerçant leur profession en France ; 2° celui de M. Pally, amendé par
MM. Carret et Duval, a pour objet d'introduire dans les marchés des
travaux publics passés par l'Etat, les départements et les communes,
une clause stipulant que les entrepreneurs ne pourront employer que
des ouvriers français ; 3° celui de M. Pradon, a pour objet l'établissement d'une taxe de séjour sur les étrangers ; 4° en dernier lieu, celui de
M. Steenackers, tend à établir une taxe sur ceux qui emploient des
étrangers.

M. Pradon déclare que lui et ses collègues n'ont voulu autre chose
que faire œuvre de police et d'équité économique.

Il relate dans son rapport les difficultés d'ordres divers qui doivent
faire écarter, avec le projet Pally, les amendements Carret et Duval,
ainsi que le projet de M. Steenackers.

Restent les propositions Thiessé et Pradon, qui sont résumées dans un
projet de loi édictant les obligations suivantes : 1° tout logeur ou patron
aura à faire remplir, aux étrangers, un questionnaire d'un modèle déterminé et à le transmettre à la police ; 2° tout étranger arrivant dans une
commune devra se faire immatriculer sur un registre spécial, sous
peine d'amende, de prison et d'expulsion ; 3° tout étranger sera astreint
à payer toutes taxes pouvant frapper les Français exemptés ou dispensés
du service militaire.

Il y a lieu d'examiner si cette loi, dont le caractère fiscal est très apparent, atteint le but dont elle est le prétexte, à savoir : *la protection du travail national.*

Ces théories protectionnistes faisant intervenir l'Etat pour la protection du Travail national étant nettement posées, il s'agit de savoir s'il est avantageux pour les travailleurs français de supprimer la concurrence dans la main-d'œuvre.

La suppression de toute concurrence en matière de main-d'œuvre n'aura-t-elle pas pour effet de surélever les salaires, sans limite et sans frein ? Quel sera l'effet de cette surélévation, tant sur la consommation intérieure des ouvriers eux-mêmes que sur l'exportation de nos produits ?

Une autre question se présente à l'esprit. Pourquoi les ouvriers étrangers viennent-ils en France chercher du travail ?

Pourquoi, par contre, les ouvriers français répugnent-ils à aller chercher du travail à l'étranger ?

Les taxes proposées par MM. Thiessé et Pradon sont des impôts qui frappent les personnes. N'y a-t-il pas lieu de les examiner à ce point de vue spécial ?

Ou bien elles empêcheront les ouvriers étrangers d'arriver en France. Elles ne seront, en ce cas, d'aucune ressource pour le budget. Mais ne nous priveront-elles pas du concours précieux d'ouvriers spéciaux pour des travaux urgents, tels que ceux des moissons, pour lesquels la main d'œuvre française est insuffisante ? N'y a-t-il pas des natures de travaux qui répugnent aux ouvriers français et qui sont devenus la spécialité d'ouvriers de telle ou telle nationalité ?

Ou bien, ces taxes n'arrêteront pas l'immigration des ouvriers étrangers. N'amèneront-elles pas des embarras sérieux dans nos rapports internationaux ? Ces taxes ne serviront-elles pas de prétexte à des représailles de la part des gouvernements étrangers, sous forme de taxes douanières qui empêcheront l'exportation des produits de notre main d'œuvre nationale ?

Chaque produit destiné à l'exportation est un composé de matière première et de main-d'œuvre. Les ouvriers n'ont-ils point un intérêt direct à ce que nos produits manufacturiers soient acquis et consommés par les habitants de toutes les nations et que rien n'arrête aux frontières leur libre passage ? Susciter des difficultés internationales qui entravent les échanges, n'est-ce point diminuer la somme de main-d'œuvre à partager entre tous les ouvriers résidant en France ?

Nombre d'économistes et d'ouvriers déclarent que nous produisons trop, que la *surproduction* est une cause de la crise, une cause de chômage et qu'un des remèdes à cet état de crise, est le renvoi des ouvriers des chantiers de l'État et des ateliers des producteurs français.

Le Congrès doit d'abord examiner s'il est vrai qu'il y ait surproduction. La surproduction a pour conséquence l'avilissement des prix et une rupture d'équilibre dans les valeurs des produits exportés et de ceux importés. Ces phénomènes économiques sont-ils constatés ?

La surprodrction n'existera réellement que lorsque la somme totale des *capitaux fixes*, aussi bien que des *capitaux circulants*, excédera le minimum des besoins des travailleurs. Cet excédant existe-t-il ?

L'inventaire de la richesse a été fait, telle qu'elle existe en France et telle qu'elle devrait exister. En évaluant la richesse actuelle à 220 milliards, il est démontré qu'il faudrait la porter à 600 milliards pour que chaque habitant ait en *logis*, en *mobilier*, en *alimentation*, en *vêtement*, le strict nécessaire. Or, étant donné que le travail seul, en appropriant les richesses naturelles, peut procurer tout ce qui manque à ces masses laborieuses, est-il possible de se priver du concours des travailleurs étrangers, tant pour la production de cette portion de la richesse qui se consomme ou se capitalise en France, que pour celle qui nous arrive de l'étranger par les échanges, c'est-à-dire par l'exportation des produits de la main-d'œuvre française contre l'importation des produits de la main-d'œuvre étrangère ?

Toutes ces questions étant étudiées et résolues par le Congrès, il reste à examiner s'il n'y a pas des mesures plus efficaces que la taxe des étrangers pour atteindre le but qu'on se propose, l'accroissement du bien-être des ouvriers.

Cet accroissement ne peut-il pas être obtenu plus efficacement par des moyens indirects, par l'abolition de toute taxe frappant la consom-mation des travailleurs ? Par la *liberté des choses*, comme le dit Mirabeau, qui est le corollaire indispensable de la liberté des hommes ?

Afin que les étrangers établis en France prennent leur part des charges fiscales et des devoirs qui incombent à tout citoyen pour la défense nationale, n'y a-t-il pas lieu de prendre des mesures pour s'assimiler ces travailleurs, en favorisant leur naturalisation ?

Tels sont les divers points de vue de cette question que le comité d'organisation soumet à l'appréciation des membres du Congrès.

Les documents apportés par des représentants de toutes les nations dans un congrès international élargissent la question. Une discussion faite dans des conditions aussi favorables doit apporter la lumière pour résoudre cette question de l'utilité et l'efficacité de l'intervention de l'État pour la protection du travail national contre le travail étranger.

M. CALS. — Il faudrait que les salaires des ouvriers étrangers soient portés au même taux que ceux des ouvriers français.

M. GRUHIER. — A travail égal, salaire égal.

M. CALS. — Je crois aussi que l'on ne devrait employer des ouvriers étrangers que dans une proportion de 5 à 8 0/0.

M. CARNET. — Il faut d'abord examiner si le nombre des étrangers doit être diminué, après quoi nous examinerons par quels moyens on pourrait faire diminuer ce nombre. Les statistiques, bien au-dessous de la vérité, signalent annuellement l'arrivée en France de 250,000 Italiens. On ne recense pas en effet ceux qui, très nombreux, viennent en France travailler un ou deux mois seulement chaque année. Même pour les travaux des forts, on se sert des Italiens. Les ouvriers locaux chôment, les Italiens travaillant presque pour rien.

Ils s'associent, l'un fait la cuisine, ils boivent de l'eau et font des économies qu'ils envoient chez eux : c'est leur droit. Mais le commerce local ne profite pas des travaux payés par les municipalités, par les départements, quelquefois même par l'État. Il y a donc des faillites parmi le commerce local, mais il y a aussi des disputes et vous savez que le couteau y joue souvent un très grand rôle.

Il faut calculer également les dépenses accessoires des municipalités. Quand ces ouvriers sont malades, il faut les recevoir à l'hôpital, il y en a même à la charge du bureau de bienfaisance ; certains autres se font rapatrier aux frais du gouvernement.

Seuls les entrepreneurs ont un intérêt véritable à l'emploi des ouvriers étrangers.

Dans cette année du centenaire on peut invoquer des principes de générosité française. On chantait en 1848 :

« Les peuples sont pour nous des frères ». 1870 a malheureusement fait disparaître cela.

La France est supérieure aux autres nations par ses paysans, par ses ouvriers, par ses savants. Faut-il diminuer la valeur moyenne de cette grande famille française en introduisant ces éléments étrangers ?

Seuls quelques patrons et quelques entrepreneurs ont intérêt à ce que les ouvriers continuent à venir, parce que les prix des salaires baissent.

M. VILLAIN. — Il y a un fait certain. En 1879-80, lorsqu'on a donné ce grand mouvement pour les travaux publics, chaque fois qu'on a ouvert un grand chantier, les Italiens se présentaient en grand nombre alors que les ouvriers de la localité n'y venaient pas. Tous les travaux des ports ont été faits comme cela. Les travaux ont coûté moins cher que si on s'était servi des ouvriers locaux, et à côté de la question de sentiment, je voudrais qu'on mette aussi les avantages énormes que les contribuables français ont pu retirer de cela.

M. Gruhier. — Il faut songer aussi à la Patrie, à la France, aux classes intéressantes de notre société. L'intérêt général de tous les Français est d'empêcher les ouvriers étrangers de venir jeter le trouble dans nos industries.

M. Donnat. — Il semble, d'après vous, que les étrangers ne nous apportent que des charges. Je crois que ce n'est pas juste. Si les Anglais viennent chez nous apporter des capitaux pour faire un chemin de fer, exploiter une mine, créer une industrie, est-ce que vous trouvez mauvais ces millions qui sont dépensés chez nous? Je pense que vous ne vous en plaignez pas.

Un horticulteur élève des arbres, et le jour où il est assez gros, l'arbre a coûté quelque chose. Ce gros arbre, c'est l'ouvrier étranger adulte que nous recevons chez nous. Il a été nourri, instruit, assisté lui et sa famille. Si on l'avait élevé dans notre pays, il aurait fallu supporter les dépenses, celles des écoles, par exemple. Tout cela nous est épargné; nous n'avons qu'à récolter, d'autres ont ensemencé pour nous. Quelles que soient les habitudes d'économie rappelées par M. Carret, les travailleurs étrangers vivent sur notre sol et le commerce local en profite. Ce serait trop exiger d'eux, que de vouloir qu'en faveur de ce commerce local, ils se livrent à l'intempérance.

Un membre. — Pour les travaux des chemins de fer et des ports, il est impossible d'organiser un chantier avec des gens du pays. Personne ne veut être terrassier, chez nous.

M. Carret. — S'il est vrai que l'on a avantage à faire travailler les ouvriers étrangers, que ne fait-on venir des ouvriers chinois? Ils travailleront à 1/10 du prix ordinaire. Les Chinois ne demandent qu'à venir. Nous savons bien qu'en Amérique la population tout entière s'oppose à l'arrivée des Chinois. La valeur moyenne de la population serait abaissée par la population chinoise.

Je crois que cette émigration des ouvriers étrangers a pour nous plus de désavantages que d'avantages.

M. Léon Donnat, président, résume en ces termes les travaux du Congrès :

« En ce qui concerne la limitation de la journée pour les enfants et les filles mineures, personne dans le congrès n'a contesté la nécessité de l'intervention des pouvoirs publics. Pour protéger des mineurs qui ne peuvent se défendre eux-mêmes, l'État a le droit d'intervenir dans l'intérêt de la race, de sa conservation physique et de son amélioration intellectuelle. Il convient même de fortifier cette action de l'État, qui n'est toujours efficace et qui n'a pu être utilement remplacée ou secondée par celle des Pouvoirs locaux.

« Pour la femme adulte, la réduction de la journée de travail est désirable. Quand elle est mariée, sa place est plutôt au foyer domestique que dans l'usine, surtout la nuit. Mais il a semblé que la réglementation, qui est déjà d'une application si difficile et si incomplète pour les enfants, le serait encore plus pour les femmes; on sera conduit, dès le début, à établir des exceptions pour la fille non mariée et pour la veuve, ainsi que pour certaines professions spéciales dont le travail est intermittent. Il ne serait pas moins légitime de les admettre dans le cas, malheureusement encore assez général, où le salaire du mari est insuffisant; il est donc préférable de s'abstenir et de demander l'amélioration désirée aux libres efforts, individuels ou collectifs.

« Une opinion semblable s'est très nettement dégagée, en ce qui regarde la limitation de la journée de travail, pour les hommes adultes. Si la liberté de coalition, si la loi sur les syndicats professionnels n'existaient pas, il semblerait naturel de réclamer des Pouvoirs publics des modifications que l'initiative privée serait impuissante à obtenir; mais en l'état actuel des choses, l'ouvrier doit être libre de travailler autant qu'il lui plaît. On ne voit pas d'ailleurs comment l'action de l'État pourrait s'exercer; les tentatives faites par les municipalités n'ont abouti qu'à mécontenter les ouvriers eux-mêmes et à diminuer pour eux les disponibilités du travail.

« Les séries de prix sont des moyens précieux d'information et rien de plus. C'est en méconnaître le caractère que de voir un minimum ou une moyenne de salaires dans les chiffres qu'elles indiquent pour le prix de la journée. Vouloir rendre ce minimum, cette moyenne, obligatoire pour les travaux privés est une illusion pure; l'imposer par les règlements aux entrepreneurs de travaux publics, c'est une innovation de date récente dont les documents officiels montrent déjà tous les dangers.

« Les conseils de prud'hommes doivent considérer les séries de prix établies par les villes comme de simples documents à consulter; ils méconnaissent leur rôle lorsqu'ils y voient un tarif obligatoire, et surtout lorsque leurs membres acceptent, dans les jugements des conflits entre patrons et ouvriers, des mandats impératifs en faveur de l'une des deux parties.

« Le placement des ouvriers ne saurait constituer un monopole ni pour les villes, ni pour les Bourses de travail, ni pour les syndicats professionnels. Il est surtout facile lorsque les syndicats patronaux et les syndicats ouvriers agissent d'un commun accord. Dans une ville comme Paris, en raison de la spécialisation des professions par quartiers, et par respect pour la liberté des travailleurs qui ne sont affiliés à aucun syndicat, il est désirable de voir se fonder, dans les mairies, des bureaux de placement

« Presque toutes les législations modernes ont supprimé le délit de coalition. Les pouvoirs publics s'abstiennent donc, en principe, dans les conflits entre les patrons et ouvriers. Lorsque, par exception, fait rare d'ailleurs, les municipalités subventionnent les grévistes, elles violent la neutralité imposée par la loi et disposent sans mandat des deniers des contribuables.

« Le congrès ne nie pas, en principe, pour le patron et pour l'ouvrier la responsabilité de la faute, mais il pense que le risque professionnel peut être mis à la charge des patrons. Ceux-ci ont la possibilité de s'en couvrir au moyen d'une assurance ; il paraît désirable que cette assurance soit obligatoire, de façon à constituer une sorte d'impôt spécial, et que les ouvriers y contribuent, tant par dignité personnelle que pour acquérir le droit de surveiller le fonctionnement de l'institution.

« Les avances d'argent, les subventions, les privilèges de travaux ne profitent pas aux sociétés ouvrières de production ; celles-ci doivent chercher le succès auprès de la clientèle privée, dans le régime de la libre concurrence ; lorsqu'elles comptent, pour vivre et prospérer, sur le concours des pouvoirs publics, elles ne tardent pas à être victimes de leurs illusions.

« Une réduction légale du travail étranger serait une forme de protectionnisme pouvant donner lieu à des représailles, entraîner une guerre de tarifs et restreindre la quantité de travail disponible pour les ouvriers français. Les ouvriers se sont montrés économistes en réclamant la protection du travail national comme corollaire de la protection accordée aux marchandises nationales ; ne protéger ni marchandises ni travail est plus conforme aux intérêts de tous. » (*Assentiment général.*)

Voilà, Messieurs, ce qui me semble se dégager en partie de nos discussions.

Je crois pouvoir dire, Messieurs, que nous n'aurons pas perdu notre temps.

La séance est levée à midi.

TABLE DES MATIÈRES

Le Mans. — Typographie Edmond Monnoyer.